大人の学び旅 1

忍者の里を旅する

産業編集センター

はじめに

忍者――この言葉を聞いただけでなぜかわくわくしてくる。

子供の頃に見た映画のせいだろうか、それとも少し大人になってから読みふけった小説のせいだろうか。特殊な能力を身につけた黒装束の忍者たちが、忍術を駆使しながら難しい任務を遂行していく。一陣の風の如く現れ闇に消えていくその姿に、畏れ、驚き、歓喜したことを覚えている。

もちろん、それらの多くが架空の存在であることはわかっている。忍者像や忍術描写にかなりの脚色が加えられていることもわかっている。ただ、歴史を紐解けば忍者がいたことは間違いない事実。ならば、今も残る忍者の足跡をたどることで、忍者をもっと身近に感じることはできるはずだ。

忍者の里を訪ね、史跡をめぐりながら、遠い昔に活躍した忍者たちに思いを馳せる——そんな旅もいいかもしれない。運が良ければ、静寂に包まれた山や森の中で吹いた一陣の風に、隠れている忍者たちのかすかな吐息を聴き取ることができるかもしれない。

伊賀、甲賀、戸隠、雑賀、甲斐、風祭……さあ、忍者の里へ旅に出よう。

忍者の里を旅する

Contents

旅する前に学んでおきたい！ 忍者の基礎知識 9

●そもそも「忍者」とは何？
●忍者はどこからやってきたのか？
●忍者にはどんな流派があるのか？
●忍者はいつごろどうして消えていったのか？
全国忍者分布……22
忍者関連年表……24

忍者の里一 三重県伊賀市 25

伊《い》賀《が》 忍者発祥の地

●江戸時代の町並みが残る城下町
●伊賀忍者の原型といわれた「黒田の悪党」
●割拠する地侍たちを統率した三大上忍
●織田軍を苦しめた伊賀忍者の戦い
●伊賀者の運命を決めた家康の決死行
【忍者ミュージアム紹介】……38
伊賀流忍者博物館
【見どころ散歩】……40
平田宿／長谷園／旧崇廣堂
【美味発見】……43
伊賀肉弁当／かたやき／忍者スイーツ／忍者最中／豆腐田楽／牛汁／七兵衛団子
【ご当地とっておき情報】……45
伊賀くみひも
◉**学びコラム①**——松尾芭蕉……46
◉**学びコラム②**——赤目四十八滝……48
◉**学びコラム③**——服部半蔵……50

53 最強の忍者集団の里

忍者の里 二 滋賀県甲賀市

甲《こう》賀《か》

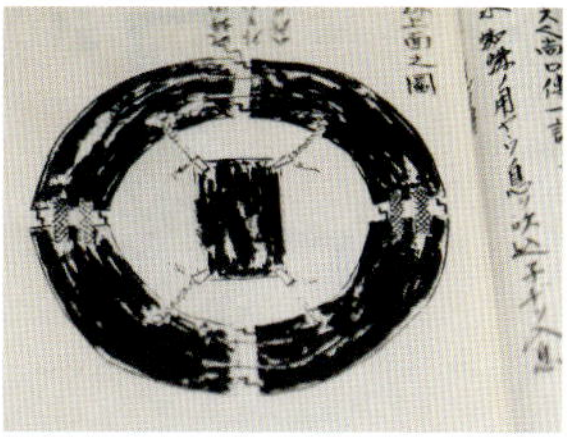

- 豊かな自然に包まれた歴史の里
- 一族とのつながりや絆を大切にした甲賀忍者
- 全国に甲賀の名を知らしめた「鈎の陣」
- 多くの甲賀者の命が散った伏見城籠城
- 最後の輝きを放った島原の乱

【忍者ミュージアム紹介】……66
①甲賀流忍術屋敷
②甲賀の里 忍術村
【見どころ散歩】……70
水口宿／土山宿／紫香楽宮
【美味発見】……73
くノ一膳／甲賀流忍術もなか
印籠もなか／甲賀流忍者巻き
学びコラム④――信楽……74
学びコラム⑤――ケンケト祭り……76

79
忍者の里 三 長野県長野市戸隠
第三の忍術流派が生まれた
戸《と》隠《がくし》
●日本有数の霊場として崇められる山々
●八〇〇年にわたって継承されてきた忍術
【忍者ミュージアム紹介】……86
戸隠流忍法資料館
【見どころ散歩】……88
青鬼集落／千国宿／牛方宿
【美味発見】……91
戸隠そば／鐘楼最中／そば粉のガレット
◉学びコラム⑥――忍具……92

95
忍者の里 四 和歌山県和歌山市雑賀
信長を翻弄した雑賀孫市を生んだ
雑《さい》賀《か》
●優れた鉄砲技術と伊賀流忍術を融合
●信長との戦いで歴史に名を刻んだ孫市
【見どころ散歩】……102
黒江の町並み／湯浅の町並み
【美味発見】……104
孫市鍋／おおやさ／しらす丼
【ご当地とっておき情報】……105
孫市城
◉学びコラム⑦――忍術書……106

忍者の里◆五 山梨県甲府市

109

武田信玄の三ツ者が跋扈した

甲《か》斐《い》

●戦国時代最大の忍び集団

●馬場信春と歩き巫女「くノ一」

【見どころ散歩】……116

台ケ原宿／右左口宿

【美味発見】……117

極上生信玄餅

忍者の里◆六 神奈川県小田原市風祭

119

小太郎率いる風魔党の故郷

風《かざ》祭《まつり》

●北条氏に仕えた忍者集団

●かつて風魔一族が暮らしていた風祭

【見どころ散歩】……124

小田原港／石垣山一夜城／鈴廣のかまぼこ博物館

【美味発見】……125

小田原どん／虎朱印最中

旅する前に学んでおきたい！

忍者の基礎知識

旅に出かける前に、忍者に関する基本的な知識を学んでおこう。

そもそも「忍者」とは何?

日本のみならず今や世界中で知られている「忍者」。この言葉が一般的に使われるようになったのは昭和三十年代のことである。当時、司馬遼太郎や山田風太郎といった作家の時代小説が人気を博し、そのブームの中で「忍者」という言葉が一般に定着するようになった。それまでは「忍びの者」「忍び」「忍術使い」と呼ばれていて、江戸時代に長崎で発行された『日葡辞典』にも「Xinobi(シノビ)」として、忍者が説明されている。

また、現在多くの人が抱いている忍者のイメージ——黒装束を身にまとい、超人的な身体能力を身に付け、手裏剣を投げ、巻物を口にくわえて印を結ぶとドロンと姿を消し、火遁の術や水遁の術などを自在に操る——がつくられたのは江戸時代後期のことで、歌舞伎や浮世絵の題材として忍者がそのように描かれるようになってからである。

こうしてみると、現代の忍者像はほとんど後世につくられたものであることがわかる。

では、実際の忍者とはどのようなものだったのだろうか。

まず、忍者が活躍した時代というのはそれほど長くはない。発祥は源平の時代ともいわれているが、実際に活躍した事実がわかっているのは戦国時代のみである。江戸時代にも忍者は存在したが、いわゆる〝忍者らしい仕事〟はほとんどしていない。血で血を洗う群雄割拠の時代、その不気味で凄まじい忍者の活躍ぶりが、後世の人々の記憶に深く刻まれたからかもしれない。

戦国時代の忍者の主な仕事は〝情報収集〟だった。各地の武将たちが覇権を争って戦を重ねた戦国時代。合戦の勝敗を大きく左右したのは「情報」である。敵国の状況はもとより、遠く離れた国々の動向。さらには朝廷や幕府などの動き。そうしたことに関する情報をいかに大量に早く手に入れることができるかが、勝敗を左右した。

「間諜《かんちょう》」として、武将たちは忍者を積極的に召し抱えた。家臣とするときもあれば、一時的に雇うこともあった。それら忍者がもたらした情報をもとに、策略や謀略を駆使して戦いに挑むことが、戦国武将たちの常識だった。

そうした武将のために働く忍者にとってもっとも重要なことは、敵方の状況を主君に伝えるために、極力戦闘を避けて生き延びて戻ってくることだった。そのため、忍者は自ら攻撃を仕掛けることはなく、自分を守るための忍術

しか使わなかったといわれる。

主君のために決して表舞台に立つことはなく、人知れず暗躍しながら与えられた指令を遂行する。闘うことを良しとせず、生き抜くことを使命とした忍者の本当の姿がここにある。

忍者はどこからやってきたのか？

忍者は、いつどこで生まれたのか。その起源や発祥についてはさまざまな説がある。

例えば、飛鳥時代、聖徳太子が蘇我馬子《そがのうまこ》と物部守屋《もののべのもりや》を討った際、甲賀出身の大伴細人《おおともほそひと》を密偵として使い、細人に「志能便《しのび》」をいう名を与えた——という説がある。もしこれが本当なら、大伴細人が日本最古の忍者ということになる。さらに、聖徳太子は服部氏族の忍者も使ったといわれ、服部氏が伊賀忍者、大伴細人が甲賀忍者の源流になった、という説もある。細人の出身は甲賀郡馬杉村だった。

また、こんな説もある。秦の始皇帝の臣下である徐福《じょふく》が、始皇帝の命を受けて不老長寿の薬草を求めに日本に渡ってきた。伊賀や甲賀の山岳地帯を探したが見つからず、その間に土地の人々に忍術も教えた、という説。さらに、平安時代末期、京都の鞍馬山で修業した源義経が忍者の祖である、という説もある。

こうした伝承は数多く残っているが、それらを証明する確かな裏付けはな

く、ほとんどが江戸時代以降に創作されたものではないかといわれている。だが、その中で、かなり説得力のある説もある。「修験道《しゅげんどう》」を忍術の始まりとする説だ。

修験道とは、各地の霊山を崇める古来の山岳信仰と仏教や密教などが加味されてできた日本独自の宗教である。奈良時代、奈良県の葛城山で修業した呪術者の役小角《えんのおづぬ》によって創始されたといわれる。

修験道の行者（＝山伏）は厳しい修行を行うことで罪や穢れを捨てて肉体と魂を浄化し、新たに生まれ変わることによって人並み外れた能力を体得できるとされた。こうした力を得た修験者は、日本各地をまわって加持祈祷、憑物落とし、病気治癒などの活動を行い、多くの人々を救済した。

この修験者のもつ術と各地の武術とが融合されて忍術となり、それが忍術流派につながっていたのではないかといわれている。実際、忍者発祥の地とされる伊賀、甲賀、戸隠などには、古くから修験道の修行場があった。例えば、伊賀であれば赤目四十八滝、甲賀であれば飯道山や岩尾山、戸隠であれば戸隠山。そうした霊場で、その地域の地侍たちが修験道の修行を極め、それが独自の忍術へとつながっていった。修験道との出会いがなければ、地侍は決して忍者にはなりえなかっただろう。

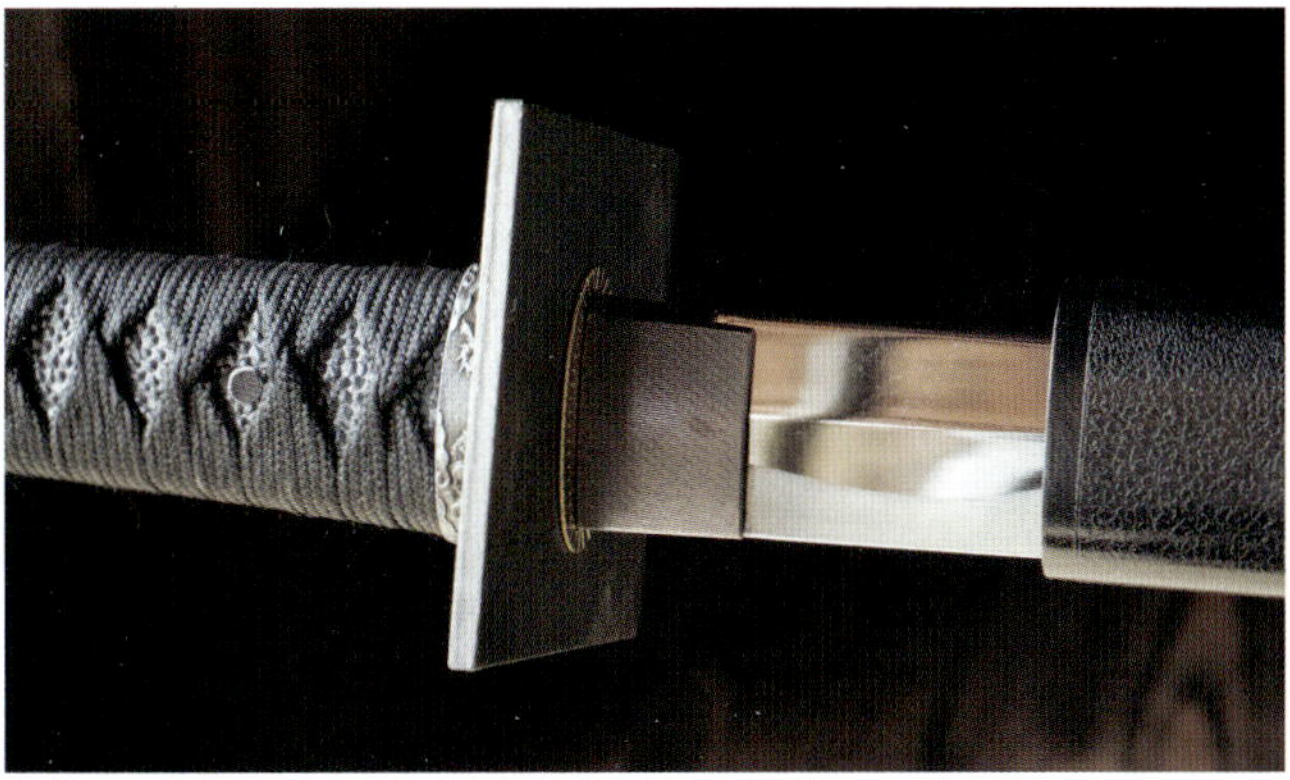

忍者にはどんな流派があるのか？

修験道と各地の武術が組み合わされて生まれた忍術。日本各地でその忍術はそれぞれ独自に発展し、多くの忍術流派が生まれていった。

その中でも特に大きな流派となったのが、伊賀流と甲賀流である。

そもそも、伊賀と甲賀はいまでこそ違う県に分かれているが、古代のころには「甲伊一国」と呼ばれるひとつの国だったといわれる。伊賀と甲賀の間に国境線が引かれたのは奈良時代のことだ。

修験道の祖である役小角が和銅元（七〇八）年に、甲賀の飯道山《はんどうさん》に飯道寺《はんどうじ》を建てて修行の場としたとき、甲賀だけではなく伊賀の地侍たちがともに修験道の修行を行った。さらに甲賀忍者の祖といわれる甲賀三郎が、伊賀の敢国《あえくに》神社《じんじゃ》に祀られているのをみても、伊賀忍者と甲賀忍者は同根であり、実際、忍術の内容においてもほとんど相違はない。

古代から都に近く、ほとんどが山に覆われているという土地の特殊性に加え、大名のような全体を統治する支配者がいなかったこと、さらに、数百とい

う小城主が割拠していたことなどが、伊賀と甲賀が大量の忍者を輩出する理由となった。

だが、天正九（一五八一）年に織田信長の伊賀攻めによって伊賀は焦土と化し、かろうじて生き残った伊賀忍者たちは全国各地に四散する。その後、伊賀の者たちは戦国大名家の忍者として新たな忍者集団をつくりあげていった。

東北は伊達政宗の「黒巾脛組《くろはばきぐみ》」、越後の上杉謙信の「軒猿《のきざる》」、甲斐の武田信玄の「三ツ者《みつもの》」、小田原北条氏の「風魔党《ふうまとう》」、紀州の「雑賀衆《さいかしゅう》」——戦国時代に全国に名をとどろかせた戦国武将のどの忍者集団にも、伊賀や甲賀から流れていった忍びの者が存在したといわれている。

忍者はいつごろどうして消えていったのか？

前述のように、忍者が多く生まれてきたのは応仁元（一四六七）年の応仁の乱から始まる戦国時代である。戦国の世を勝ち抜くために、戦国武将にとって、敵情を得るための間諜として忍者は非常に重要視された。しかし、戦乱の世が終わりを告げ、江戸時代になって世の中が安定してくると、もうかつての

ような間諜などの仕事は必要ではなくなった。当然のことながら、忍者らしい仕事もなくなっていった。

それでも伊賀や甲賀出身の忍者たちは、幕府に雇われて重責を担った。家康は江戸城の警備に伊賀や甲賀の忍者を採用した。また、八代将軍吉宗は、御《お》庭番《にわばん》制度という職をつくり、将軍直属の隠密として使った。服部一族が代々その任にあたった。さらに江戸後期には伊賀百人組、甲賀百人組という警備および鉄砲集団を組織させ、江戸の治安にあたらせた。

このようにして戦国時代に活躍した忍者たちは、姿を変えて生き延びていった。

だが、伊賀や甲賀のように幕府から重用された忍者ばかりではない。仕事や役割がなくなってしまった忍者集団の中には、盗賊になって世間を騒がす集団もいた。

小田原北条氏の風魔党などがその最たるものである。

とくに風魔党の頭領である風魔小太郎は、盗賊となって江戸の町を荒した。

そして、武田の三ツ者出身といわれる同じ忍者の高坂甚内《こうさかじんない》の密告によってつかまり、市中引き回しの上、処刑されるという皮肉な最期を迎えている。

戦国時代に輝きを放った忍者たちは、それぞれにその生きる場を探し、見つけながら、新しい時代の中を生き抜いていったのである。

◎新潟県
軒猿
◎青森県
早道《はやみち》の者《もの》
◎宮城県
黒脛巾《くろはばき》組
◎東京都
御庭番、隠密
◎神奈川県
風魔党、草、乱破《らっぱ》
風魔党 P.119
(神奈川県小田原市風祭)
◎愛知県
饗談《きょうだん》
◎山梨県
透破《すっぱ》、三ッ者、歩き巫女
三ッ者 P.109
(山梨県甲府市)
◎三重県
伊賀者
伊賀者 P.25
(三重県伊賀市)

全国忍者分布

各地で異なる「忍者」の呼び方を紹介。

◎長野県
突破《とっぱ》、真田衆

戸隠流 P.79
（長野県長野市戸隠）

◎石川県
偸組《ぬすみぐみ》

◎滋賀県
甲賀者

甲賀者 P.53
（滋賀県甲賀市）

◎福井県
忍之衆

◎島根県
苫屋鉢屋衆《とまやはっちゃしゅう》

◎奈良県
奪口《だっこう》

◎熊本県
関やぶり

◎鹿児島県
山潜《やまくぐ》り

◎和歌山県
雑賀衆、根来衆

雑賀衆 P.95
（和歌山県和歌山市）

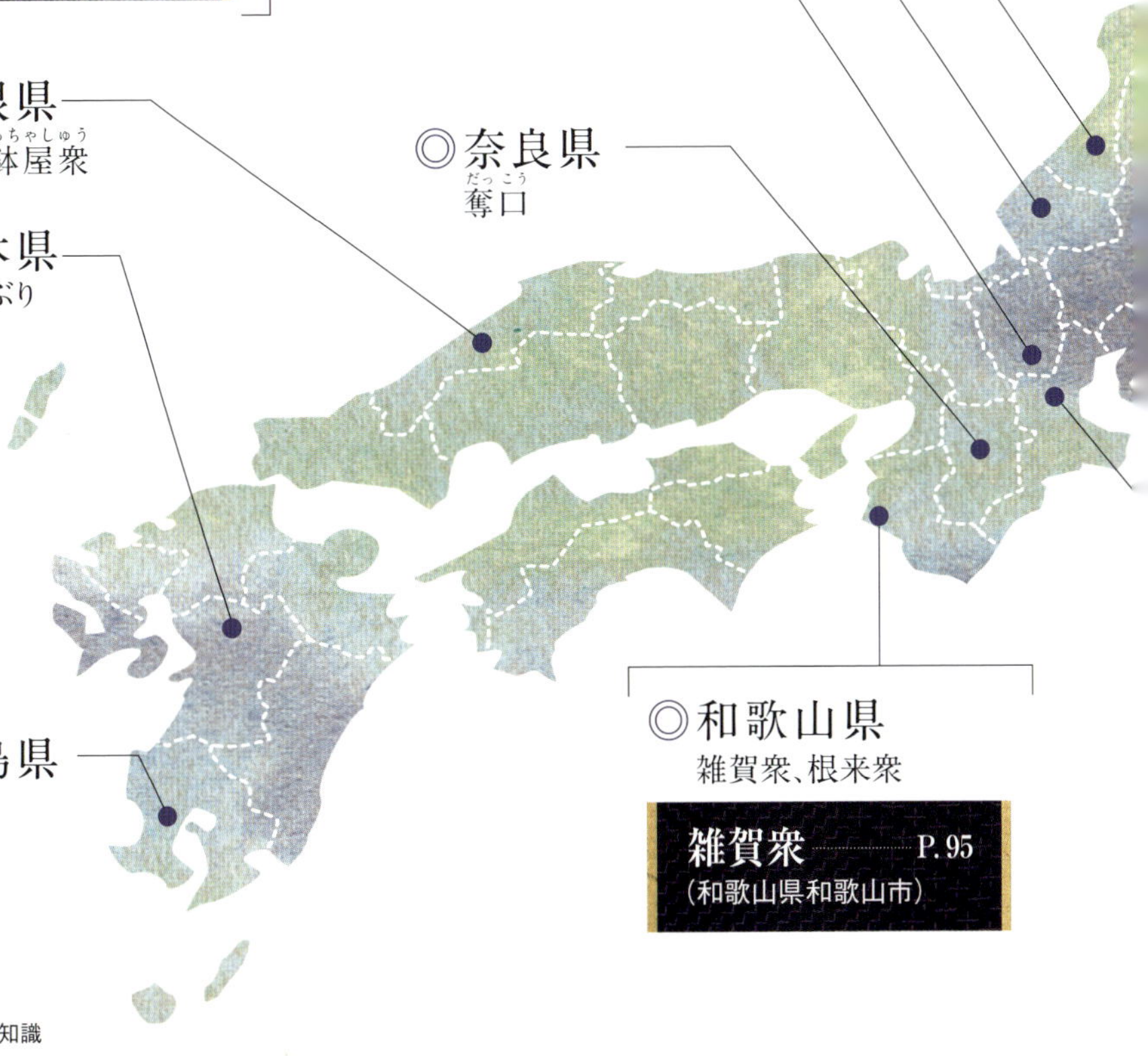

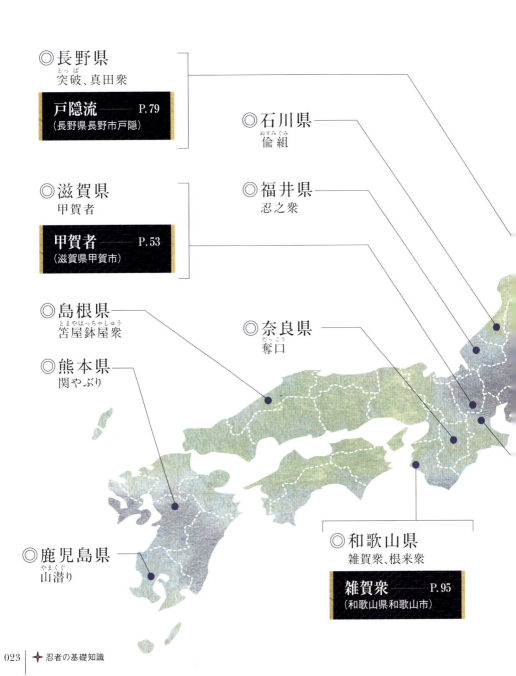

忍者関連年表

奈良時代	文武4(700)	修験道の開祖・役小角が伊豆に流される
平安時代	天喜2(1054)	黒田の悪党が勢力をもつ
室町時代	応仁1(1467)	応仁の乱　この頃忍者が発生
	長享1(1487)	鈎の陣(足利義尚の陣に甲賀者が襲撃)
	永禄3(1560)	伊賀惣国一揆が成立
	永禄11(1568)	織田信長の近江侵攻(六角氏、甲賀・伊賀に逃亡)
	永禄12(1569)	足利義昭を奉じて織田信長が上洛／甲賀郡中惣が成立
	元亀1(1570)	六角氏が伊賀者・甲賀者を集結して信長勢と決戦
安土桃山時代	天正2(1574)	六角氏滅亡、甲賀武士団は信長支配下に
	天正7(1579)	第一次天正伊賀の乱
	天正9(1581)	第二次天正伊賀の乱
	天正13(1585)	太田城水攻めの堤防決壊により甲賀者が改易処分
	慶長1(1596)	服部半蔵正成没
	慶長5(1600)	伏見城籠城戦／関ヶ原の戦い／甲賀百人組の成立
江戸時代	慶長19(1614)	大阪冬の陣(伊賀甲賀を中心とした忍者が活躍)
	慶長20(1615)	大阪夏の陣(伊賀甲賀を中心とした忍者が活躍)
	寛永14(1637)	島原の乱(甲賀者10名が従軍)
	承応4(1655)	服部美濃辺三郎らが「忍秘伝」をまとめる
	延宝4(1676)	伊賀国郷士の藤林左次保武、「萬川集海」を編纂
	延宝9(1681)	紀州藩の軍学者名取三十郎正澄によって「正忍記」が著わされる
	享保1(1716)	8代将軍・吉宗が将軍直属の諜報機関「御庭番」を創設
	慶応4(1868)	甲賀勤皇隊が戊辰戦争に出陣

忍者の里 一 三重県伊賀市

忍者発祥の地

伊《い》賀《が》

江戸時代の町並みが残る城下町

周囲を山に囲まれ、京都や奈良や伊勢と隔絶された山間の地、伊賀。かつての伊賀国の中心地であり、江戸時代には藤堂家二十二万石の城下町として栄えた歴史をもつ。ただし、藤堂家は伊勢国の津を本拠としたため、伊賀上野城は津の支城という位置づけだった。

そのおかげというわけでもないだろうが、伊賀は戊辰戦争で戦場になることもなく、第二次大戦で空襲に見舞われることもなかったため、江戸時代の城下町の町割りがほぼそのまま残っている。

現在の上野市駅の南側、東西に本町筋、二之町筋、三之町筋が走

藤堂高虎が築城した伊賀上野城

伊賀市街地（上）と忍町周辺の古い町並み（下）

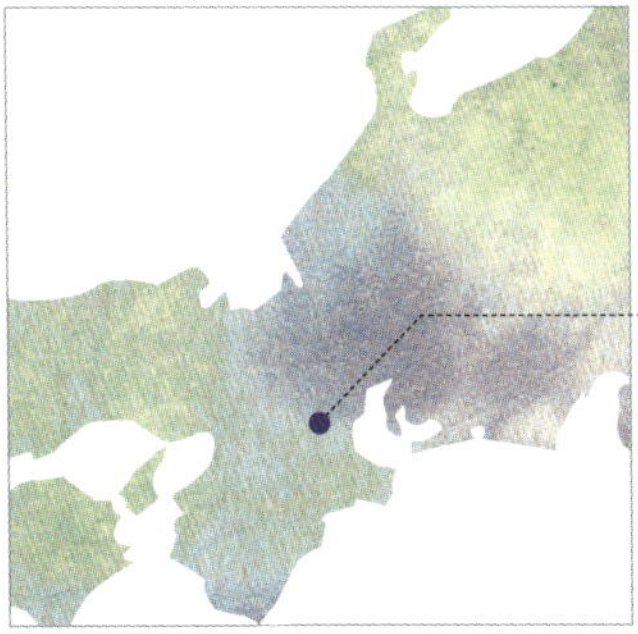

◎伊賀市（三重県）

三重県北西部、滋賀県との県境にある人口約9万人の町。伊賀忍者はもとより、俳人・松尾芭蕉や小説家・横光利一ゆかりの地としても知られる。

り、東之立町、中之立町、西之立町の通りが南北に貫く。忍町、鉄砲町、寺町といった古い町には、江戸末期から明治大正期にかけての町家や土蔵が数多く残されている。また、創業数百年の歴史を誇る老舗の和菓子屋なども点在し、かつての城下町の風情が今も漂う。

そんな趣のある伊賀上野の町から一歩抜け出せば、東に鈴鹿山脈、西に笠置山脈、北に信楽高地、南に室生の山々と、急峻な山々が目の前に迫ってくる。深く木々が生い茂る山や林の中を歩けば、眼下に広がる田園風景とともに、伊賀の豊かな風景を満喫できる。

伊賀忍者は、この起伏のある山々と懐の深い自然の中で育まれていった。

伊賀忍者の原型といわれた「黒田の悪党」

伊賀忍者の原型といわれる集団がある。俗に「黒田の悪党」と呼ばれた武士団である。

平安時代から室町時代ごろまで、伊賀国はそのほとんどが東大寺の荘園だった。寺領だったために、中央から任命された守護や地頭は干渉できず、残りのわずかな土地の支配権しか持ちえなかった。そのため、伊賀の地侍は中央の支配を受けることなく、支配力を強めていった。なかでも、伊賀南部の黒田庄と北部の玉滝庄が代表的な存在だった。

そして東大寺の衰退とともに、地侍たちは武力によって荘園を私物化するようになっていく。たとえば、黒田庄の大江氏は、荘園主であった東大寺と対立。やがて武士団をつくって荘園を自らの領地としてしまった。この大江氏の武士団は「黒田の悪党」と呼ばれ、伊賀全体に影響を及ぼすほどの力をもつようになる。

この悪党が、伊賀忍者の原型になったといわれている。

現在、名張の黒田地区には、かつて悪党が跋扈した場所とは思えないほど、豊かな田園風景が静かに広がっている。

現在の名張市黒田地区

割拠する地侍たちを統率した三大上忍

室町時代になると、伊賀の地侍は次々と悪党になり、数十もの勢力が割拠する状態になる。こうした動きと前後して、伊賀の者たちは修験道等の影響を受けて、〝忍びの術〟を身につけるようになり、忍びの術を得意とする地侍、いわゆる「忍者」へと変わっていった。

そのような地侍たちの勢力を統合したのが、のちに三大上忍《じょうにん》と呼ばれる、藤林長門守《ふじばやしながとのかみ》、服部半蔵、百《もも》地《ち》丹波守《たんばのかみ》である。戦場働きや情報集めをする中忍《ちゅうにん》・下忍《げにん》に対して、配下の忍者を統率する者が上忍と呼ばれた。

藤林長門守は近江甲賀に近い湯

のどかで美しい田園風景が広がる伊賀の里

舟郷を中心とする伊賀北部、百地丹波守は大和に近い名張を中心とした伊賀南部、そして、服部半蔵は上野を中心とする伊賀中央部を統率した。

さらに、伊賀の土豪たちは「伊《い》賀《が》惣《そう》国《こく》一《いっ》揆《き》」という連合組織をつくり、外からの脅威に備えていたといわれている。こうして伊賀の武士団は忍者集団となり、戦国時代の戦乱の中で輝きを放っていくのである。

ちなみに、服部半蔵は早い時期に第十二代将軍足利義晴に仕えるために伊賀を離れたので、伊賀忍者は実質的に藤林家と百地家が統率した。

三大上忍の史跡は今もしっかりと残っており、服部半蔵が本拠地

百地城跡に残る土塁

百地城跡の近くにある百地家の墓所

百地丹波守城址の碑（百地城跡）

とした千賀地《ちがち》城《じょう》跡に半蔵生誕地の碑があり、藤林長門守の墓が正《しょう》覚寺《かくじ》、さらに百地家に関する史跡が点在している。

藤林長門守の墓（正覚寺）

千賀地城址の碑

服部半蔵生誕の地の碑

丸山城跡遠景

織田軍を苦しめた伊賀忍者の戦い

戦国時代、伊賀は織田軍から二度にわたって攻撃を受ける。この戦は「天正《てんしょう》伊《い》賀《が》の乱《らん》」と呼ばれている。

最初は信長の次男である織田信《のぶ》雄《かつ》による攻撃だった。北畠具教《とものり》を倒して伊勢国司となった織田信雄は、勢力拡大のために伊賀への侵攻を進める。一万の軍勢で攻め込むが、山間部の地形を熟知した伊賀忍者のゲリラ戦術により、信雄は敗走してしまう（第一次天正伊賀の乱）。この戦の最初の舞台となったのが丸山城であり、伊賀市枅川《ひじきがわ》にその城跡が残っている。

最初の伊賀攻めで信雄が敗走し

丸山城本丸跡

丸山城址碑

勝手神社

最終決戦地の碑

てから二年後の天正九（一五八一）年、今度は織田信長が約四万の軍で伊賀を攻める（第二次天正伊賀の乱）。この乱で信長は伊賀全土を焼き払い、大人や子供問わず徹底した殺戮戦を繰り返していった。伊賀南部の柏原城《かしわらじょう》で、一六〇〇人ほどの伊賀者が最後まで抵抗したが、籠城戦の末に和議が成立し、降伏した。決戦の最後の舞台となった柏原城跡の勝手神社《かってじんじゃ》には、「決戦之地柏原城」という碑が立てられている。

　この天正伊賀の乱でかろうじて生き残った伊賀者は、各地に四散して戦国大名家の忍者となり、引き続き闇の世界で暗躍していくことになる。

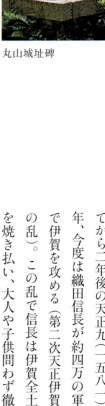

伊賀者の運命を決めた家康の決死行

本能寺の変で信長が倒れたとき、家康は大坂の堺にいた。信長の誘いでわずか三十数名の家臣を従えて安土で信長の接待を受けたあとだった。

家康に異変を知らせたのは、京の商人・茶屋四郎次郎、あるいは伊賀の服部平太夫ともいわれているが、ここから本国三河に向けての逃避行が始まった。明智光秀の息のかかった者が家康を追い、さらには信長の同盟者だった家康に恨みを持つ伊賀者、甲賀者からの攻撃が予想された。三十人の家臣だけでは、到底逃げ切れるものではない。

この時、伊賀者を中心に甲賀者も含めた三百人余りの忍者を集め家康を護衛させたのが、伊賀の上忍服部半蔵正成《まさなり》である。半蔵と伊賀者の力によって、家康は無事三河に戻ることができた。これが「東照君の御生涯御艱難の第一」と言われた「神君《しんくん》伊賀越《いがご》え」である。

この功績によって、約二百名の伊賀者が服部半蔵を組頭に、徳川家康に仕えることになる。さらに、家康が幕府を開いてからは、伊賀者の子孫たちは江戸城の警備にあたる「伊賀百人組」として組織された。

その後江戸時代が終わるまで大規模な戦乱は起こらなかったので、伊賀の忍者たちは護衛を主な仕事として安定した暮らしをしていたといわれている。

忍者ミュージアム紹介【伊賀】

【伊賀流忍者博物館】

今に残る「伊賀流忍術」を知り、体感する

伊賀市内の上野公園（伊賀上野城公園）内にある忍者に関する博物館が「伊賀流忍者博物館」。忍者を「知る」「見る」「感じる」ことができる伊賀ならではの施設である。

施設は大きく三つに分かれており、茅葺の屋根が印象的な「忍者屋敷」、忍者の道具や資料を展示している「忍術体験館」、忍者の歴史や暮らしの様子を紹介する「忍者伝承館」がある。屋外広場では、「忍者実演ショー」が定期的に開催されている。

また、毎年10月には「手裏剣打選手権大会」が行われ、全国から数多くの忍者ファンが訪れる。ここ数年は、国内のみならず国外からの来場者も増えている。

【忍者屋敷】

伊賀の江戸時代末期の土豪屋敷を移築した忍者屋敷。一見するとごく普通の農家に見えるが、屋内には「どんでん返し」「隠し階段」「仕掛け戸」といったからくりが施されている。忍者やくノー（女忍者）に扮したガイドが案内してくれる。

忍者に扮した案内人の方が実演を交えて屋敷内のカラクリを解説してくれる。

【忍術体験館】

忍術伝書に基づいて制作された忍具などが400点以上展示されている。さまざまな形の手裏剣や実際に忍者が使っていたとされる水蜘蛛や鎖帷子などもある。いくつかの展示品は実際に体感することができる。

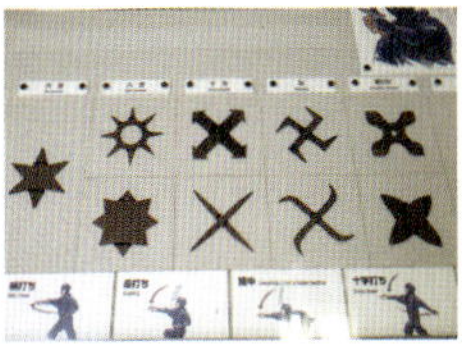

水に浮かぶことができる「水蜘蛛（みずぐも）」の体験

【忍者伝承館】

今に残る生活用品や資料をもとに、忍者の歴史や暮らしぶりを紹介する施設。衣装や日用品など、忍者ならではの知恵が盛り込まれた生活用品などを見ることができる。

暗号

装束

【お問い合わせ】

☎0595-23-0311

[住]伊賀市上野丸之内117（上野公園内）

[営]9:00～17:00（入館受付は16:30まで）

[￥]大人700円／小人400円

＊忍者ショーは別料金（400円）

[休]12月29日～1月1日

見どころ散歩

平田宿《ひらたしゅく》

伝統的な町家が連なる伊賀街道の宿場町

伊賀上野と津という二つの城下町をつなぐ官道として整備された「伊賀街道」。この街道の宿場町として栄えたのが平田宿である。

往時の街道筋の面影が色濃く残っている宿で、切妻造りの伝統的様式の町家が連なる風景には思わず見とれてしまうほどだ。鉄道や幹線道路といった開発から取り残されたことが、逆にこの宿の大きな財産となっている。

[住] 伊賀市平田

お問い合せ先
☎0595-48-0303
(伊賀上野観光協会
大山田支部)

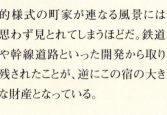

長《なが》谷《たに》園《えん》

伊賀焼の里に残る古の連窯

約1300年以上の歴史をもつ伊賀焼。良質な陶土と窯の薪に最適な赤松を多く産出する地の利を生かして、美しくかつ実用的な陶器として高く評価されてきた。そんな伊賀焼の里の中でも、古い歴史をもつのが長谷園。天保3（1832）年の築窯以来、優れた伊賀焼を世に送り出してきた。特に、日本で最も高い耐火度を持つ伊賀の土を活かした土鍋には定評があり、今も全国から注文が絶えない。広い園内には明治・大正期の建物が今も残っており、なかでも、国の文化財に指定されている十六連の登り窯は一見の価値ありだ。

［住］伊賀市丸柱569

お問い合せ先
☎0595-44-1511
（長谷製陶株式会社）

旧崇《すう》廣《こう》堂《どう》

江戸時代の姿を今に残す藩校

文政4(1821)年に十代藩主・藤堂高兌(たかさわ)が、津の藩校・有造館の支校として創建した。伊賀・大和・山城の領地に住む藩士の子弟を教育するための学校である。往時の建物が現存しており、資料が閲覧できる展示館も併設されている。

[住] 伊賀市上野丸之内78-1
[営] 9:00〜16:30
[休] 火曜

お問い合せ先
☎0595-24-6090

伊賀鉄道の名物電車 忍者ラッピング電車

伊賀上野駅と伊賀神戸駅を結ぶ伊賀鉄道を走る伊賀忍者のラッピング電車。『宇宙戦艦ヤマト』や『銀河鉄道999』で知られる漫画家・松本零士がデザインした忍者の絵が描かれている。青、ピンク、緑の三色が運行しており、運が良ければ出会うことができる。

お問い合せ先
☎0595-21-3231
(上野市駅)

美味発見！
おいしいもの見つけた

遊び心たっぷりの
「忍者スイーツ」

伊賀茶を取り扱う老舗の茶舗「むらい萬香園」。こちらの先々代の店主が忍者研究に熱心で、忍術学校まで開いていたというのは地元では有名な話。今では、忍者ファンが集まるユニークな甘味処というイメージが定着している。店内には忍者関連のグッズやお菓子、お土産がところ狭しと並ぶ。イートインコーナーで食べられる忍者パフェは「日本一のこだわり」と銘打った抹茶ソフトと手裏剣型のかたやきが目印だ。

【むらい萬香園】
☎0595-21-1173
[住] 伊賀市上野小玉町3130
[営] 8:00～20:00
（カフェは9:00～19:00）
[休] 木曜のみ不定休
[P] あり

見て楽しく、食べて美味しい
「忍者最中」

伊賀の町の中心部。ノスタルジックな大和街道沿いにあって、ひときわ目を引く趣ある建物が和菓子の「おおにし」だ。伊賀を訪れる忍者ファンがこぞって訪れるこの店。お目当ては忍者の立ち姿をかたどったかわいらしい忍者最中だ。男の忍者と女の忍者（くノ一）の二種類あり、それぞれが愛嬌のあるポーズをとっている。最中に添えられたしおりには、「伊賀流忍術発祥の地」と題して忍者の歴史が詳しく説明されている。

【御菓子司おおにし】
☎0595-21-1440
[住] 伊賀市
上野中町3009-1
[営] 8:00～19:00
[休] 不定休
[P] 無し

伊賀名物を使ったメニュー
「伊賀肉弁当」

伊賀上野の市街地から少し外れた大和街道沿いに店を構える「ふる里」。ノスタルジックな店内で、伊賀の二大名物、とうふ田楽と伊賀牛を使った料理を両方楽しむことができるお店だ。

伊賀肉はステーキ、焼肉御膳、肉重と種類が多く食べ方に迷ってしまうほど。中でもおすすめは伊賀肉弁当。玉ねぎと一緒に味付けされた伊賀肉を、すき焼きのように生卵につけていただく。

【郷土料理　ふる里】
☎0595-21-4498
[住] 伊賀市
長田2541-1
[営] 11:00～20:30
[休] 月曜定休
[P] あり

忍者の携行食
「かたやき」

その昔、忍者が敵方の屋敷に潜入して諜報活動や監視活動をする際には、かさばらず、滋養に富んだ特製の食物を携帯したという。そこから着想を得て、伊賀の名物としてつくられたのが忍菓「かたやき」だ。今では伊賀市内の様々な店で売られているが、ほんのり甘く、小麦粉が香る素朴な風味は共通している。普通には齧れないほど堅く、かたやき同士を打ち付けるか、小型の木槌で割って、口の中でふやかしてから食べる。

【伊賀菓庵山本】
☎0595-21-0915
[住] 伊賀市
上野魚町2887-2
[営] 9:30～19:00
[休] 月曜定休
[P] 無し

忍者修行の地の新名物
「牛汁」

近年注目を集めている「牛汁」。高級食材である伊賀牛の切れ端や、地元の野菜を盛り込んで、まかない料理として食べられていたお吸い物が発祥だという。

赤目四十八滝には牛汁の名店がたくさんある。「大日屋」もその一つで、「伊賀牛汁御膳」には伊賀名物の田楽もついてくる。赤目四十八滝にちなんだ「伊賀忍者定食」は、牛汁を豪華にしたような「伊賀牛鍋」がメインの定食だ。

【忍者れすとらん　大日屋】
☎0595-63-2656
[住] 名張市赤目町長坂657-3
[営] 10:00〜16:00（月〜金）
9:00〜17:00（土日）
[休] 不定休
[P] あり

お米の風味を楽しむ
「七兵衛団子」

創業100年以上の老舗「いせや」。この店の人気商品が「七兵衛団子」。地元の伊賀米を炊いて作った素朴な味で、甘辛い「みたらし」と、醤油が香る「つけやき醤油」の二種類がある。いずれも注文を受けてから焼くため、焼きたてを味わうことができる。

【伝統の和菓子　いせや】
☎0595-21-0615
[住] 伊賀市上野新町2755-2
[営] 8:30〜18:00
[休] 火曜定休
[P] あり

秘伝の味噌で伝統を味わう
「豆腐田楽」

山間部にあり、海産物の少ない伊賀地方では、昔から貴重なタンパク源として味噌や豆腐作りが盛んに行われていた。そのため、豆腐田楽は古くから伊賀の郷土料理として親しまれてきた。

田楽専門店の「わかや」は、文化年間創業の老舗。伝統的ながらもシックでモダンな店内は、炭火で田楽を焙る様子が見えるつくり。芳ばしい柚子味噌の香りが店内に漂う。田楽は白米と一緒に食べるのが伊賀の流儀。200年近く味を受け継いできた秘伝の味噌は、甘さと塩加減のバランスが絶妙で、ご飯がすすむ納得の美味しさだ。

【田楽座　わかや】
☎0595-21-4068
[住] 伊賀市上野西大手町3591
[営] 11:00〜14:00
17:00〜20:00
[休] 月曜定休
[P] あり

ご当地 とっておき 情報

◎伊賀くみひも

艶やかで美しい伊賀伝統の逸品

伊賀を代表する工芸品が「伊賀くみひも」。起源は古く、その技術は奈良時代の仏教伝来とともに中国から伝わったといわれる。かつては、仏具・神具や武士の甲冑や刀の紐などに使用するために作られていた。明治中期に廣澤徳三郎が江戸の組み紐技術を習得し、伊賀に持ち帰ってから地域産業として大きく発展した。

伊賀くみひもは、絹糸を主に、金銀糸などを組み糸に使い、伝統的な組台でつくられる。とくに手で組み上げる〝手組みひも〟が有名で、美しく染め上げられた絹糸が織りなす独特の風合いが魅力となっている。

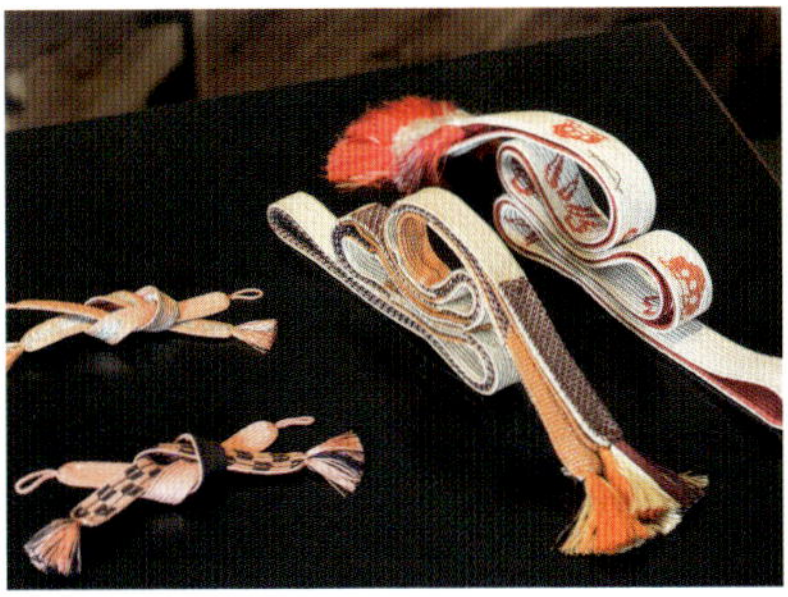

【伊賀くみひもセンター「組匠の里」】

☎0595-23-8038（三重県組紐共同組合）
[住] 伊賀市四十九町1929-10
[営] 9:00～17:00
[休] 休日を除く月曜日
[¥] 無料

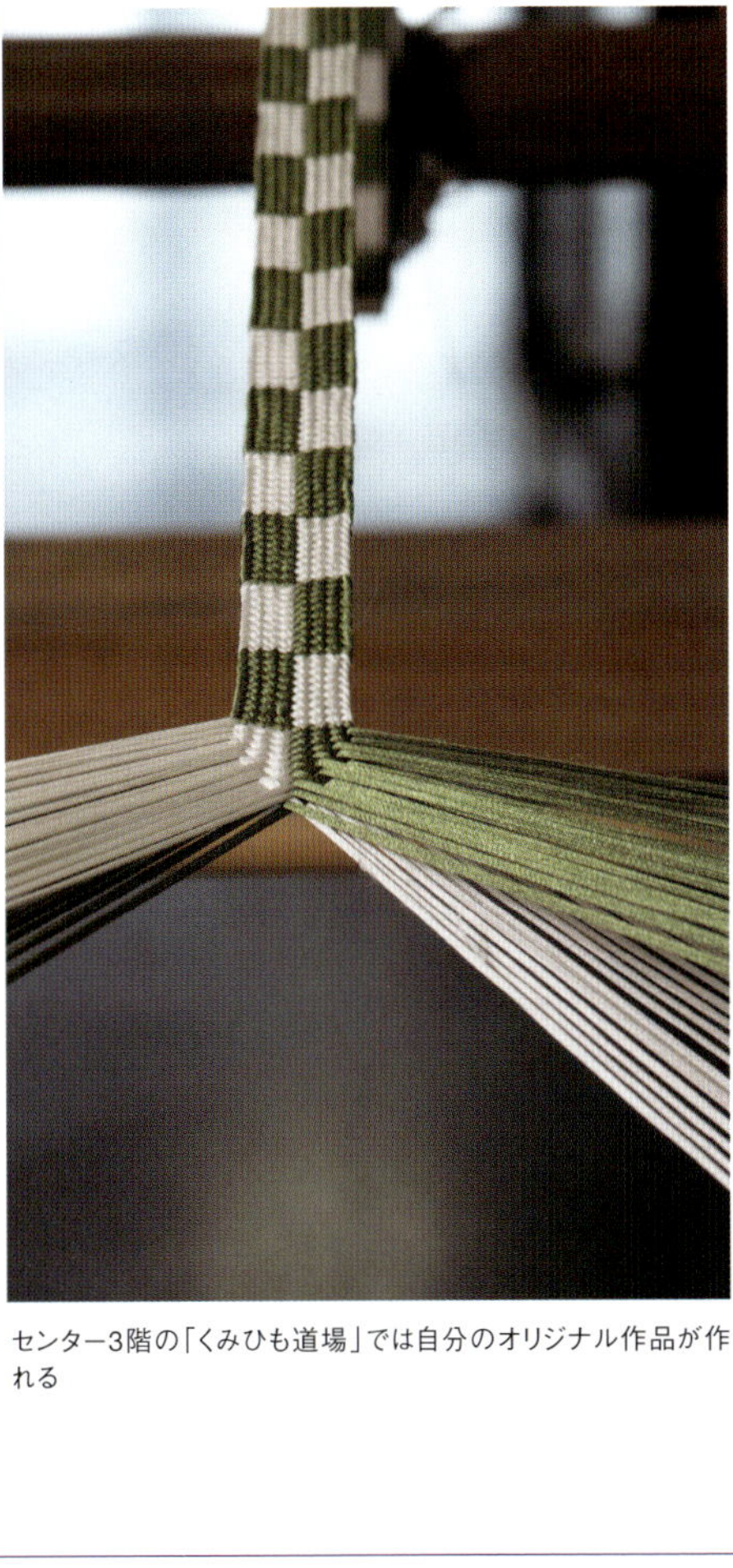

センター3階の「くみひも道場」では自分のオリジナル作品が作れる

学びコラム❶

【松尾芭蕉】

俳聖・芭蕉のふるさと

忍者の里である伊賀は、〝俳聖〟と呼ばれた松尾芭蕉の生誕地でもある。正保元（一六四四）年に生まれた芭蕉は、幼少より藤堂藩伊賀の侍大将・藤堂新七郎家に仕え、当主とともに俳諧を学び始める。その後江戸に出て俳諧師となり、三十七歳で『桃青門弟独吟二十歌仙』を刊行して俳壇における地位を確立した。

『野ざらし紀行』や『奥の細道』などいくつもの代表作を生み、元禄七（一六九四）年、五十一歳のときに旅先の大坂で生涯を閉じた。その生涯のほとんどを旅に費やした芭蕉にとって、故郷である伊賀はかけがえのない地。その思いを込めてつくられた多くの句が、市内七十数カ所に句碑として今も残っている。

ちなみに、伊賀出身で母親が百地氏の娘だったことから、松尾芭蕉も伊賀忍者であるとする説がある。しかし、その真偽はいまだに分かっていない。

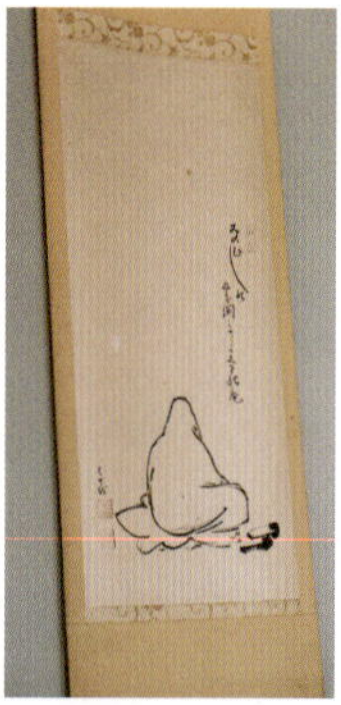

蓑虫庵に掲げられている掛け軸。門人の庵開きに芭蕉翁が贈った句が書かれている。

☎0595-24-2711
[住]伊賀市上野赤坂町304
[営]8:30〜17:00(入館は16:30まで)
[¥]大人300円／高・中・小100円
[休]12月29日〜1月3日

【芭《ば》蕉《しょう》翁《おう》生《せい》家《か》】

芭蕉が29歳まで過ごした家。室内には当時の生活が再現されている。伊賀上野でしか手に入らない芭蕉の冊子や絵はがきが販売されている。
上の写真は生家の裏にある釣月軒(ちょうげつけん)。

【蓑《みの》虫《むし》庵《あん》】

芭蕉の門人・服部土芳(はっとりとほう)の草庵。芭蕉から庵開きの祝いとして「蓑虫の音を聞きに来よ草の庵」の句を送られたことに感動し、この名がつけられた。

☎0595-23-8921
[住]伊賀市上野西日南町1820
[営]8:30〜17:00(入館は16:30まで)
[¥]大人300円／高・中・小100円
[休]12月29日〜1月3日

【芭《ば》蕉《しょう》翁《おう》記《き》念《ねん》館《かん》】

昭和34(1959)年に開館。芭蕉直筆の色紙や学術的価値の高い資料が展示されている。年4回特別展を開催。

☎0595-21-2219
[住]伊賀市上野丸之内117-13
[営]8:30〜17:00(入館は16:30まで)
[¥]大人300円／高・中・小100円
[休]12月29日〜1月3日

【俳《はい》聖《せい》殿《でん》】

芭蕉生誕300年の昭和17(1942)年に建立。屋内に安置されている伊賀焼の芭蕉座像が芭蕉祭の10月12日にのみ公開される。国指定重要文化財。

☎0595-22-9621
(伊賀市役所)
[住]伊賀市上野丸之内117-4

学びコラム❷

伊賀忍者の修行の地

【赤目四十八滝】

不動滝

三重県と奈良県の県境を流れる滝川の上流にある赤目四十八滝。室生赤目青山国定公園の中心に位置し、その長さは約四キロにも及ぶ。遊歩道が整備されており、四季折々の風景の中、美しい滝の姿を堪能できる。

「赤目」の由来は、修験道の開祖である役小角が滝に向かって行を修めていると、不動明王が赤い目の牛に乗って出現したという伝説から来ている。赤目四十八滝の「四十八」とは数が多いことを意味している。

伊賀忍者の百地三太夫をはじめ、多くの忍者がこの地を修行の場としていたといわれている。

回遊路に設置された展望・休憩所

赤目の由来となった牛の像

千手滝

布曳滝

回遊路は片道約1時間20分、往復3時間～3時間30分。赤目五瀑として有名な不動滝、千手滝、布曳滝、荷担滝、琵琶滝のほか、雨降滝、雛段滝、骸骨滝、霊蛇滝など多彩な滝を見ることができる。

【お問い合わせ】
☎0595-63-3004（赤目四十八滝渓谷保勝会）
[住] 名張市赤目町長坂861-1
[営] 4月～11月 8:30～17:00
　　12月～3月 9:00～16:30
[休] 12月28日～12月31日／1月～3月までの木曜日
[¥] 入山料400円

学びコラム❸

半蔵の墓がある西念寺（東京都新宿区）

【服部半蔵】

忍者でもっとも立身出世した半蔵とその一族

忍者の中でもっともよく知られているのが伊賀忍者のリーダー格である「服部半蔵」だろう。服部半蔵とは一族のなかで代々継承される領袖の名前で、いわば一種の〝役職名〟だともいえる。歴代の服部半蔵のなかでも特に「服部半蔵正成」が徳川家康に仕えたことによって、その名が後世に残ることとなった。

だが、この服部半蔵正成、実は、伊賀で生まれ育ったのではなく、家康の生地である三河国で生まれ育ったのである。そのため、伊賀者が行う忍者修行を一切行っていないといわれている。実際、半蔵が名を挙げたのは槍の使い手としてであり、半蔵が忍びの術を駆使していたという史実はまったく残っていないらしい。

伊賀忍者のリーダーという役職をうまく利用して家康の「伊賀越え」を助け、その功績によって多くの伊賀者たちが家康に同心として召し抱えられた。当時、バラバラになっていた伊賀忍者を一つにまとめ新しい伊賀者の役割をつくっていったという点で、正成はまさにリーダーである服部半蔵の職務を全うしたといっていい。家康が江戸幕府を開く四年前の慶長元（一五九六）年、五十五年の生涯を閉じた。

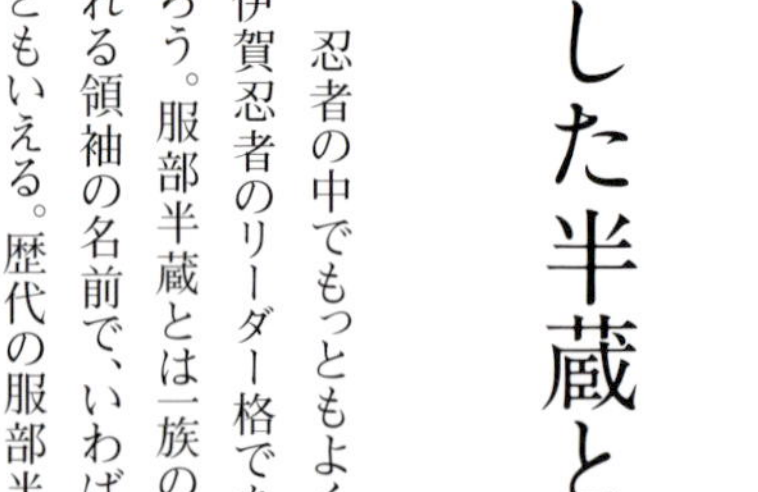

服部半蔵正成の墓。宝篋印塔型で、2メートル以上の高さがある。当時の半蔵が高い位であったことがわかる。

服部家ゆかりの墓

正成亡き後に「服部半蔵」を継いだ長男・服部正就《まさなり》は、残念ながら無能で人心掌握もできないダメ半蔵だった。伊賀者の領袖でありながら伊賀者たちを軽んじ、罷免を要求する伊賀者を斬り殺したものの、それが人違いであったかどで蟄居閉門を命ぜられる。起死回生を狙って大阪夏の陣に参戦するも、戦功を残すこともなく戦い中に消息を絶った。その後、正就の弟である服部正重《まさしげ》が服部半蔵の名を継承したといわれている。

こうしてみると、正成以降の服部半蔵は、忍者のイメージとは程遠く、徳川の武将として活躍してきたという印象が残る。

しかし、さかのぼって正成の父である初代半蔵・保長《やすなが》について言えば、まさに忍者のイメージに近い働きをしていた。上忍の一人として服部家の当主であった保長は、配下の忍者二百人を連れて故郷の伊賀を出て、室町幕府第十二代将軍・足利義晴に仕える。その後、家康の祖である松平家に配下の伊賀衆とともに仕えるようになった。忍術を駆使する忍びの集団として、松平家の繁栄を支えたといわれる。

以後、正成、正就、そして正重と続く「服部半蔵」の歴史は、そのまま徳川家興亡の歴史と重なっていくのである。

伊賀

藤林長門守
墓所
草津線
柘殖
長谷園
名阪国道
新堂
佐那具
伊賀上野
敢国神社
関西本線
新居
島ヶ原
郷土料理
「ふる里」
上野市
広小路
西大手
茅町
平田宿
桑町
伊賀鉄道
猪田道
百地砦跡
市部
千賀地城跡
服部半蔵生誕の地
依那古
丸山
丸山
城跡
上林
比土
伊賀神戸
美旗
桔梗が丘
黒田地区
名張
赤目口
勝手神社
柏原城跡
近鉄大阪線
忍者れすとらん「大日屋」
赤目四十八滝
伊賀上野
柘殖川
伊賀鉄道
服部川
矢谷川
俳聖殿
伊賀流忍者博物館
伊賀上野城
芭蕉翁記念館
芭蕉翁生家
田楽座
「わかや」
旧崇廣堂
広小路
西大手
上野市
御菓子司「おおにし」
和菓子「いせや」
むらい萬香園
伊賀菓庵「山本」
忍町
養虫庵
茅町
木津川
桑町
伊賀くみひもセンター
組匠の里

忍者の里 二 滋賀県甲賀市

最強の忍者集団の里

甲《こう》賀《か》

豊かな自然に包まれた歴史の里

滋賀県の南端、鈴鹿山脈を挟んで伊賀と隣接しているのが甲賀である。隣接というよりほとんど一緒と言っていいかもしれない。

実際、はるか昔には「甲伊一国」というひとまとまりの地域だったといわれている。

ただ、伊賀よりも少し京都に近いために、歴史の表舞台に登場する機会が多かった。

大化の改新で知られる天智天皇（中大兄皇子）の子と弟、大友皇子と大海人皇子が皇位継承を争った「壬申の乱」、天平時代に聖武天皇が新しい都を開くべく建造した「紫香楽宮《しがらきぐう》」など、甲賀には日本の

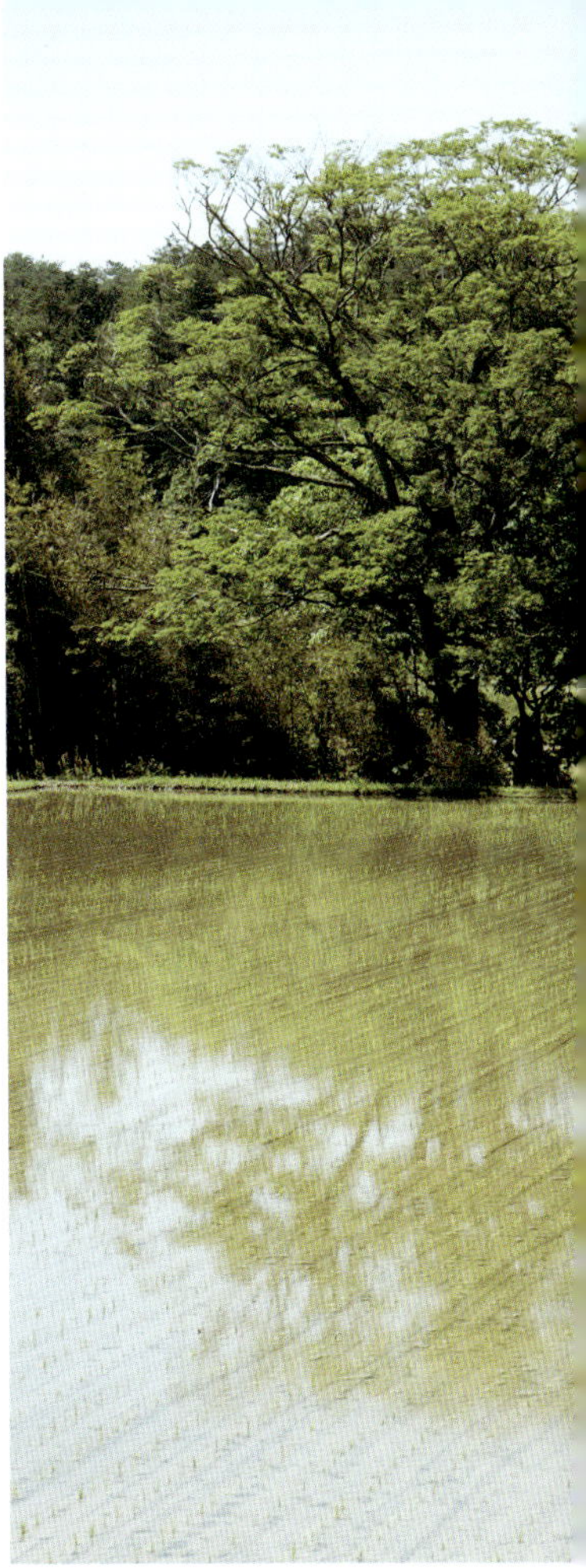

甲賀の田園風景

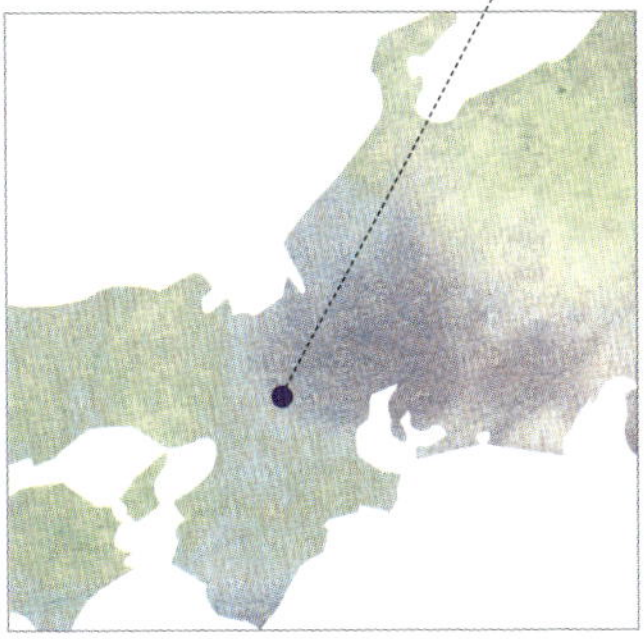

◎甲賀市（滋賀県）

滋賀県南部にある人口約9万人の町。市の呼び名は住民投票によって「こうか」になった。やきものの町・信楽の他、東海道の宿場が点在する歴史ある町である。

歴史の重要な刻印が残っている。

その中で、もっとも甲賀の名を世に広めたのが「甲賀忍者」だろう。忍者発祥の地としての知名度は、お隣の伊賀に少々負けているが、実は、忍者という存在を最初に世に知らしめたのは甲賀なのである。

長享元（一四八七）年に起こった室町幕府軍と近江守護・六角氏の戦い「鈎《まがり》の陣」。この戦に勝った六角氏の主力部隊が甲賀忍者だった。この戦によって、甲賀忍者の名が全国にとどろいたのである。

今も甲賀には、忍者をはじめとするさまざまな歴史の軌跡が、緑豊かな田園や深い山々の中にしっかりと残っている。

一族とのつながりや絆を大切にした甲賀忍者

甲賀忍者はどのようにして生まれたのか。前述のように、伊賀忍者の発祥とほぼ同じと考えていいだろう。甲賀南部にある飯道山に、修験道の祖といわれる役小角が創建した飯道寺。ここで修験道の修行をした地侍たちが、甲賀・伊賀忍者と呼ばれるようになった。甲賀には、飯道山以外にも岩尾山という霊山があり、ここでも多くの甲賀・伊賀の地侍が修行をしたといわれている。

こうして、ほとんど同じようにして出現した甲賀・伊賀忍者だが、年月を経るにしたがって、大きな違いが生まれてくる。

まず忍者の階級制度である。伊賀には、上忍・中忍・下忍という明確な階級制度があった。上忍は服部家、百地家、藤林家の三家。伊賀の寄合はこの三家で決め事が行われていたといわれる。中忍は彼らの被官であり、下忍は足軽という位置づけになっていた。

岩尾山にある「息障寺」

忍者の修行場として知られる「岩尾山」

山に登る途中にある石像群

山道の両側にそびえる巨岩

修験道の開祖・役小角が修行したといわれる「飯道山」

山頂の「飯道神社」への登り口

こうした厳格なタテ型社会である伊賀に比べて、甲賀はヨコ型社会で、一族とのつながりや絆を第一義に考えるところがあった。

その結果、伊賀忍者は単独行動が多く、金銭契約以外で特定の大名には仕えないのに対して、甲賀忍者は集団で行動し、主君に忠誠を誓って最後までその主君に仕えることを大事とした。

さらに、伊賀では外敵に対抗するために「伊賀惣国一揆《いがそうこくいっき》」という組織をつくったが、甲賀も同様の「甲賀郡中惣《こうがぐんちゅうそう》」をつくるとともに、苗字を同じくする一族による「同《どう》名《みょう》中惣」という血縁的組織もつくっている。連帯が強く、集団で行動する甲賀忍者の特徴がよく現れているといえるだろう。

甲賀出身といわれる
滝川一益の城跡

9世紀後半に甲賀武士の氏神
として創建された「油日神社」

甲賀郡中惣の参
会場として利用さ
れた「矢川神社」

全国に甲賀の名を知らしめた「鈎の陣」

それまでほとんど知られていなかった甲賀者の存在を広く知らしめるきっかけとなったのが、長享元(一四八七)年の「鈎の陣」である。

室町時代後期、近江守護の六角高頼《たかより》が、自らの勢力を伸ばすために近江の神社領や公家の荘園などを略奪し始める。そこで、近江の諸大名が九代将軍足利義尚に、六角氏に荘園を返還させるように直訴した。これを受けて義尚は六角氏に返還命令を出すがまったく無視される。

さすがに腹に据えかねた義尚は、主だった大名たちに六角氏征伐の号令を出す。

大名連合軍三万人に対して、六角氏は六千。どう見ても六角氏が不利と思われたが、蓋を開けてみれば六角氏の勝利という結果に終わる。

実は六角氏は、征伐軍と一戦も交えることなく甲賀山中に逃げ込んだのだ。山中に入ってきた征伐軍を翻弄し、戦意を喪失させたのが甲賀者だった。深い山の中で、甲賀者たちは修験道の修行で身につけた術を駆使しながら、縦横無尽に駆け巡ったにちがいない。

この甲賀者の変幻自在な身のこなしと強さを目の当たりにした大名たちは、「甲賀に忍びの者あり」と喧伝したのである。こうして、甲賀者の名は全国にとどろくこと

永正寺本堂

義尚率いる幕府軍が本営を構えた「永正寺」

になった。

この戦に参加した甲賀者は「甲賀五十三家」と呼ばれ、なかでも特に著しい活躍をした者は「甲賀二十一家」と称されるようになる。「甲賀二十一家」は、いわば甲賀忍者のリーダー的な存在であり、この二十一家の中でも屈指の忍家だったのが望月出雲守《もちづきいずものかみ》である。現在甲賀市内にある甲賀流忍術屋敷に、望月出雲守の住居が移築されている。

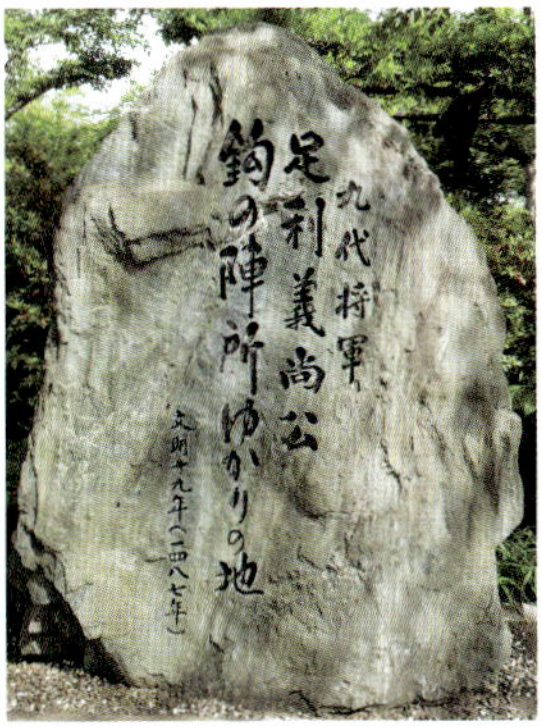

永正寺の近くにある鈎の陣の碑

多くの甲賀者の命が散った伏見城籠城

鈎の陣によってその名が広く知られるようになった甲賀忍者。仕えていた近江六角氏が滅亡したあと、甲賀忍者は織田信長の支配下にはいった。さらに本能寺の変で信長が倒れたあとには、豊臣秀吉が事実上の主となった。

天正十三（一五八五）年、秀吉の紀州征伐にあたり、その成否の鍵を握る紀州太田城水攻めの堤防づくりを任される。ところが、つくった堤防が決壊してしまい、怒った秀吉は甲賀の領地を没収し、水口に城を築いて甲賀者を監視した。

このとき、甲賀に救援米を送って甲賀者たちを陰ながら支援したの

鈎の陣の石碑

甲賀武士に関係する史跡がある「慈眼寺」

が徳川家康だった。秀吉が亡くなり、念願の天下統一に動き始めた家康は、慶長五（一六〇〇）年、五大老のひとりであった会津の上杉景勝を討伐するために伏見城を留守にする。その伏見城の警護には、百人ほどの伊賀者たちも含まれていた。かつて、家康からの受けた恩義に報いるためであった。

その伏見城に、石田三成率いる家康討伐軍が攻め込む。伏見城護衛の者たちは籠城戦でしばらくは持ちこたえるが、ついに落城。このとき、七十人以上の伊賀者が戦死したといわれる。

この戦、石田三成を挙兵させるために家康がわざと伏見城を留守にしたともいわれるが、定かではない。

生き残った甲賀者には家康から知行が与えられ、江戸幕府開幕後、家康の求めに応じて江戸城大手門の警護の任についた。これが「甲賀百人組」の始まりである。百人組は、平時は江戸城の大手三門の警備をし、戦時には鉄砲隊として活躍した。

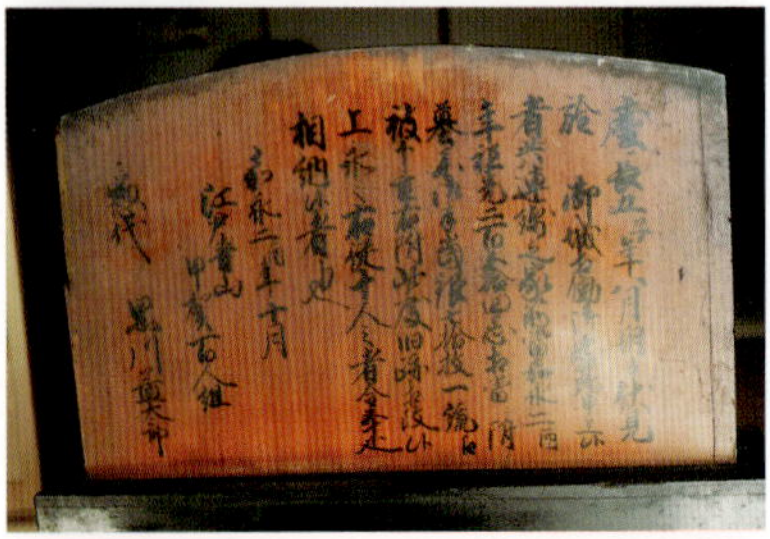

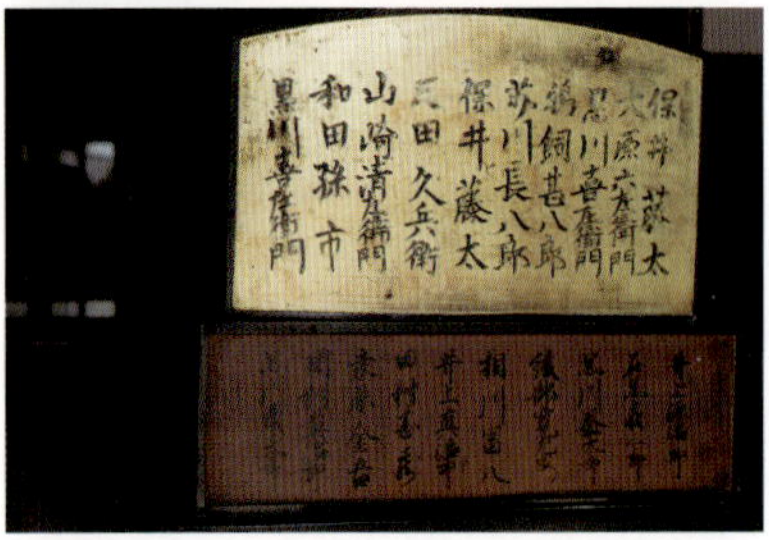

慈眼寺に残る甲賀者に関する石碑（上）と位牌（下）

最後の輝きを放った島原の乱

甲賀百人組は、二代将軍秀忠の時代に安房上総への移住を促されたが拒否し、三代家光の時代にようやく江戸に移住した。伊賀百人組に遅れること、すでに四十五年経っていた。

一方、百人組に入っていない甲賀者たちも活躍の場を自らの手でつかみ取ろうとしていた。そんなとき、寛永十四（一六三七）年に天草四郎時貞率いる農民による一揆「島原の乱」が起こる。幕府は、老中・松平信綱を総大将として鎮圧軍を出した。その一行が東海道の水口宿に宿泊したとき、百人以上の甲賀者が従軍を願い出た。その中で十人が従軍を認められ、戦地に赴き、敵の状況偵察の任についた。その甲賀者からもたらされた情報をもとに幕府軍は兵糧攻めを行い、見事に乱を鎮圧した。

こうして、甲賀忍者たちは、それぞれに生きる道を見つけて江戸という平和な時代の中を生き抜いていった。だが、かつての暗躍する忍者の面影はなくなり、普通の下級武士となった。その昔、甲賀の里を駆け回っていた頃のように。

ちなみに、幕末、甲賀武士筆頭の大原数馬《おおはらかずま》が、甲賀勤皇隊を結成し、江戸幕府に反旗を翻した。これが、甲賀者の最後の戦いとなった。

忍者ミュージアム紹介【甲賀①】

忍術屋敷外観。ほとんど往時のままの姿

【甲賀流忍術屋敷】

甲賀忍者「望月出雲守」の旧本邸

大広間。広い床の間と長い廊下が印象的

望月家がかつて薬の製造販売を行っていた頃の看板

江戸時代に建てられた忍者の屋敷をそのまま公開。多彩で巧妙なカラクリの他、忍者に関する貴重な資料や忍具などが展示されている。屋敷は、甲賀五十三家筆頭格の望月出雲守の屋敷として元禄年間に建てられたもので、当時のままを今に伝える本物の忍術屋敷である。

◎忍者関連資料

撒菱《まきびし》

打ちかぎ

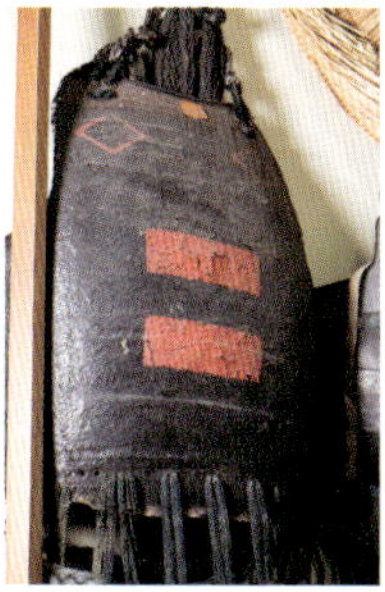
胴具

鎖帷子(くさりかたびら)

三大忍術秘伝書の一つ「忍秘伝」

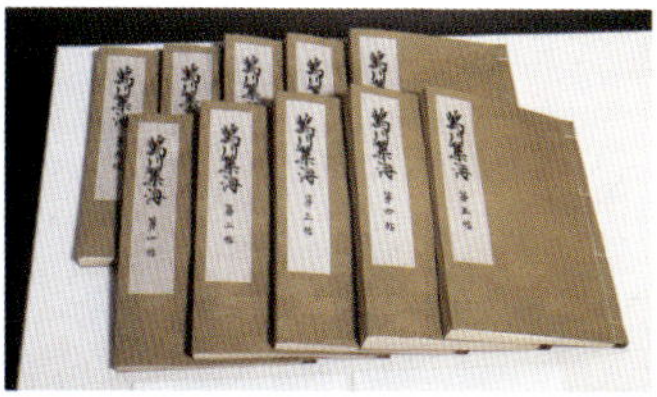
三大忍術秘伝書の一つ「萬川集海」

【お問い合わせ先】
☎0748-86-2179
[住]甲賀市甲南町竜法師2331
[営]9:00〜17:00
[¥]大人:650円/小人:350円
[休]12月27日〜1月2日

◎屋敷内のカラクリ

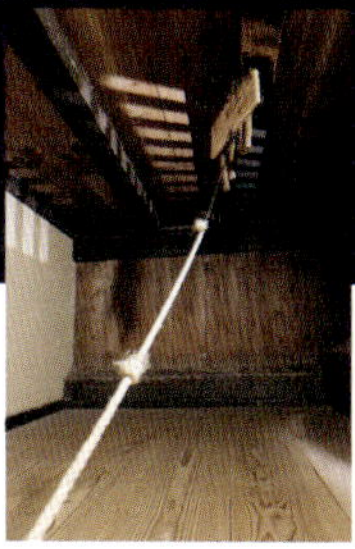
天井裏の隠し部屋

天井裏の隠し部屋への入口

階段下の壁にあるどんでん返し

扉を開くと現れる隠し階段

外につながる抜け穴

【甲賀の里　忍術村】
鈴鹿山麓の自然に包まれた忍者の隠れ里

【からくり忍者屋敷】

実在した甲賀忍者の子孫である「藤林家」の旧家屋。外から見ると普通の家だが、中に入るとさまざまな仕掛けが施してある

この隠し出口の他にもさまざまなからくりが備わっている

自然豊かな広大な敷地の中に再現された忍者の隠れ里。敷地内には、忍術博物館、からくり忍者屋敷、手裏剣道場などのほか、志能備神社や猿飛佐助の碑などがある。

鈴鹿山麓の原生林に囲まれて、まるで忍者になったような気分を満喫できる。

忍術村の入口

【甲賀忍術博物館】

実際の茅葺き民家を移設して昭和58年に開設。館内には忍術三大秘書の「萬川集海」をはじめ、甲賀忍者の代表的な武具を展示している。

数多くの忍具と貴重な資料が展示されている

志能備神社。名も知れず死んでいった忍者たちを祀っている

猿飛佐助生誕の碑

手鉤《てかぎ》

鎖鎌《くさりがま》

水蜘蛛《みずぐも》

【お問い合わせ先】
☎0748-88-5000
[住]甲賀市甲賀町隠岐394
[営]9:00～17:00／10:00～16:00
[¥]大人1030円／中高生820円／小人730円
[休]月曜（祝日の場合は翌日）

水《みな》口《くち》宿《しゅく》

城下町としての名残が残る宿

東海道で江戸から50番目にあたる宿が「水口宿」である。もともと、室町時代に水口岡山城の城下町として栄えた地域で、古くから活気のある町だった。東海道の宿場となってからも、「街道一の人とめ場」と言われるほどの賑わいを見せた。名物はつづら藤細工と干瓢。現在も町内随所に点在する名所旧跡にその面影を見ることができる。

水口城跡や水口宿東見附跡、あるいは横田渡の常夜燈など、見どころが多い。

［住］甲賀市水口町

お問い合せ先
☎0748-60-2690
(甲賀市観光協会)

土《つち》山《やま》宿《しゅく》

旧本陣が残る「あいの土山」

「坂は照る照る　鈴鹿は曇る　あいの土山　雨が降る」と鈴鹿馬子唄に唄われる土山宿は、東海道の江戸から49番目の宿場。東の箱根と並ぶ、西の難所と言われた鈴鹿峠を行き来する旅人の休憩場としてにぎわった。宿の中央には旧本陣が残っており、建物の一部と庭園などが当時のままに残されている。ところで、冒頭の「あいの土山」の「あい」の解釈には、土山宿がかつて「間の宿」であったことからという説、あるいは坂（坂下宿）は晴れ、鈴鹿（鈴鹿峠）は曇り、相対する土山（土山宿）は雨が降る、という解釈など、いくつもの説があるがどれも定かではない。

［住］甲賀市土山町

お問い合せ先
☎0748-60-2690
（甲賀市観光協会）

紫《し》香《が》楽《らき》宮《ぐう》跡

はかなき都として輝いた幻の宮

紫香楽宮は、今からおよそ1250年前の奈良時代中頃、滋賀県甲賀市信楽町の北部に聖武天皇が造営した都である。

聖武天皇は、奈良の平城京から恭仁京、難波京と短期間のうちに都を替え、さらに紫香楽宮へと都を遷した。しかし、都を遷したすぐ後に、紫香楽宮周辺で、火災や地震などの天災が相次ぎ、すぐまた都を奈良(平城京)へ戻してしまった。

長い間、その存在が確認できず幻の都と言われてきたが、平成12(2000)年に宮殿跡が発見されて以来、その存在があらためて脚光を浴びている。

[住] 滋賀県甲賀市信楽町黄瀬・牧

お問い合せ先
☎0748-86-8026
(甲賀市教育委員会)

美味発見！

おいしいもの見つけた

三代目が手作りする
「印籠もなか」

矢川神社のほど近く、杣川にかかる矢川橋のたもとにある和菓子の「菓子龍」。昭和元年創業の老舗は、一見すると菓子店とは気づかない、民家のような店構えだ。看板メニューの「印籠もなか」は、二代目が考案した。注文を受けてから、三代目のご主人がせっせと餡を詰め始める。ずっしりと重みのある、堂々たる最中だ。ロールカステラも人気。和菓子も洋菓子も、どこか懐かしい味がすると評判だ。

【菓子龍老舗】
☎0748-86-2213
[住]甲賀市甲南町
深川市場108
[営]9:00～19:00
[休]月曜定休
[P]なし

見た目も美しい
「くノ一膳」

JR草津線の甲南駅から歩いて6分ほど、杣川のほとりにある「お膳処　つる家」。明治初期の創業から代々続く和食の店だ。常連客のランチからこだわりの懐石料理まで、幅広い支持を集めている。忍者ファンにうれしいメニューが、色とりどりの食材を使い華やかに仕上げられた「くノ一膳」。ちらし寿司とにゅう麺がセットになっている。料亭ならではの料理が手軽に楽しめる日替り御膳も好評だ。

【お膳処　つる家】
☎0748-86-2036
[住]甲賀市甲南町
深川2057-1
[営]11:30～14:30
17:00～21:30
[休]水曜定休
[P]あり

食べる巻物
「甲賀流忍者巻き」

甲賀の地域おこしとして考案された「忍者巻き」。甲賀産のかんぴょうや米を使うこと、巻物の形をしていることなどの条件があり、それぞれが店ごとの工夫を凝らした「忍者巻き」を提供している。写真は和食の老舗「錦茶屋」の「くノ一巻き」と「虎の巻」。くノ一巻きはかんぴょう入りの海苔巻き。虎の巻は虎の模様に見立てたおぼろ昆布を巻いたさば寿司だ。

【錦茶屋】
☎0748-88-3168
[住]甲賀市甲賀町
大原中1034
[営]11:00～14:00
17:00～21:00
[休]月曜定休
[P]50台

忍者の巻物を模した
「甲賀流忍術もなか」

明治6年の創業から地元に親しまれてきた和菓子の「菓子長」。特に最中にはこだわりがある。「甲賀流忍術もなか」は忍者の巻物を模した形がユニークな人気商品。お土産としても最適だ。「甲賀流最中」は餡と皮が別包装になっていて、自分で挟んでから食べるため作りたてのようなサクサク感が楽しめる。農林水産大臣賞も受賞した「甲賀忍法くノ一最中」は餡に厳選された丹波大納言を使用した逸品だ。

【菓子処　菓子長】
☎0748-86-0001
[住]甲賀市甲南町
野田594-4
[営]9:00～19:00
[休]年中無休
[P]あり

学びコラム❹

【信楽】古《いにしえ》の姿が残るやきものの里

甲賀市の最南端、山間の集落として鄙びた雰囲気を残すのが「信楽町」である。古くからやきものの里として知られ、鎌倉時代以前より継続している古い六つの窯（日本六大古窯）——瀬戸・常滑・越前・信楽・丹波・備前——の一つに数えられている。信楽はその中でもっとも古いといわれている。信楽焼の発祥には諸説あるが、古代、聖武天皇が建造した紫香楽宮の瓦を焼くために始まったという説もある。そのざっくりした肌合いや素朴な素地の風合いなどが、多くの人々を魅了している。

　ちなみに、信楽でどこへ行っても出会うのが、狸の焼き物。この姿かたちは「八相縁起」と呼ばれる縁起を表している。「信楽＝狸」というイメージは、昭和二十六年、昭和天皇の信楽行幸の際、小旗を持ち沿道に延々と並んで天皇を歓迎する信楽狸が全国に報道され、定着したといわれている。

【奥田忠左衛門窯・信楽陶芸村】

奥田忠左衛門窯は、明治21（1888）年に信楽で開窯した100年以上の歴史を持つ窯元。山の斜面を利用した登り窯や古い形式の穴窯が完全な形で残っている。

窯屋と呼ばれた古い時代の作業小屋や粘土を板状に調整するタタラ小屋など、当時の窯元の様子を見ることができる。

☎0748-82-0522
［住］甲賀市信楽町長野1131
［営］9:00〜17:00
［休］無休

【陶芸の森】

緑豊かな公園の中に、陶芸美術館や産業製品の展示館、また国内外のアーティストが滞在制作できるスタジオを供えた文化施設。施設内には、信楽焼のショップやカフェレストランもあり、のんびりとやきもの見学を楽しむことができる。

☎0748-83-0909
［住］甲賀市信楽町勅旨2188-7
［営］9:30〜17:00（入館は16:30まで）
［休］月曜日（祝日の場合は翌日）
　　年末年始

学びコラム❺

【ケンケト祭り】

近江地方に伝わるユニークな祭り

忍者の里、甲賀をはじめとする近江の地に、古くから伝わる由緒ある祭りがある。

「ケンケト祭り」と呼ばれているもので、東近江市蒲生の帯掛ケンケト祭り、甲賀市土山町の瀧樹神社のケンケト祭り、蒲生郡竜王町杉之木神社のケンケト祭りなどがあり、これらは「近江のケンケト祭り」として国の無形民俗文化財に指定されている。

ケンケト祭りとは、鉦や太鼓を打ち鳴らし、それに合わせて鮮やかな衣装を着た氏子たちが長刀踊りを披露して奉納する祭り。「ケンケ　ケンケドン」という囃子の音頭からケンケト祭りと呼ばれている。

祭りの由来や内容は各地でそれぞれ異なっており、竜王町の杉之木神社のケンケト祭りは、織田信長の甲賀攻めが由来となっている。戦国時代、信長が近江六角氏を討つべく甲賀を攻めたとき、山之上の住民らが長刀を持ってこれに参加し奮戦した姿を、長刀振りとして今に伝えるものである。

長刀振りの後には長さ五メートルの「イナブロ」（稲風呂）という御幣（ごへい：お祓いの棒）が担がれ、これに結ばれた五色の短冊は持ち帰るとご利益があると言われている。そのため、祭りの道中、見物人がこのイナブロに結ばれた紐をつかんで引き倒そうとし、警固役はそうはさせじと必死になって守ろうとする光景が繰り広げられる。ここがこの祭りの一番の盛り上がりなのだが、激しい揉み合いが続くので、見学の際には十分な注意が必要となる。

祭りの道中は、野神神社と津島神社の2つの神社から午前中にスタート。いくつかの神社を回り、最後の杉之木神社に到着する頃にはもう夕刻になっている。

毎年五月三日、五穀豊穣と人々の安全を祈願して行われる近江地方ならではの祭りである。

※写真は「杉之木神社」のケンケト祭り

【お問い合わせ】
☎0748-58-3715（竜王町観光協会）

甲賀

水口宿
横田渡常夜燈
三雲
水口城跡
近江鉄道本線
水口松尾
水口
水口城南
水口石橋
貴生川
草津線
東海道
飯道山
飯道神社本殿
土山宿
矢川神社
甲南
信楽高原鐵道
甲賀の里
忍術村
慈眼寺
寺庄
紫香楽宮跡
(甲賀寺跡)
紫香楽宮跡
新名神高速道路
甲賀流
忍術屋敷
雲井
甲賀
錦茶屋
滋賀県立
陶芸の森
勅旨
櫟野
油日
岩尾山
油日神社
玉桂寺前
息障寺
信楽
信楽
陶芸村

東海道新幹線
草津線
手原
永正寺
東海道
名神高速道路

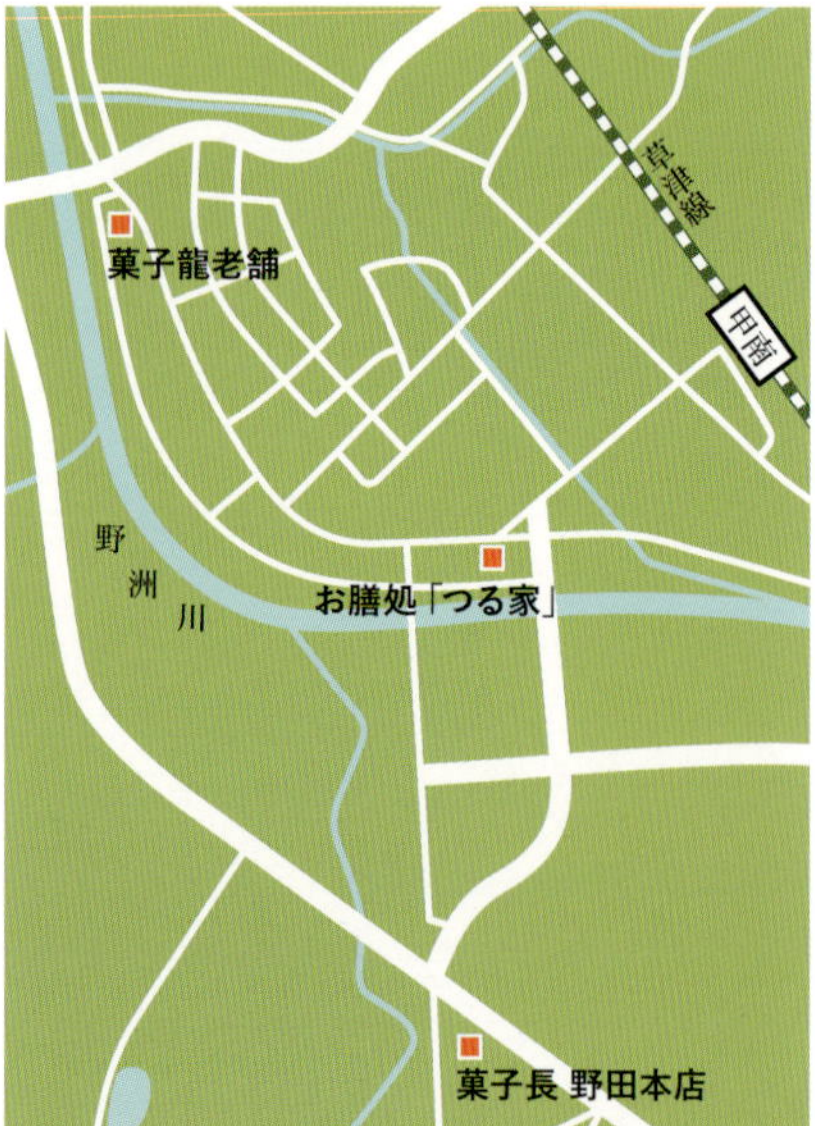

草津線
菓子龍老舗
甲南
野
洲
川
お膳処「つる家」
菓子長 野田本店

忍者の里 三 長野県長野市戸隠

第三の忍術流派が生まれた戸《と》隠《がくし》

日本有数の霊場として崇められる山々

長野県北部から新潟県にまたがって広がる妙高戸隠連山国立公園。美しい山岳風景を織りなす山々の中心となっているのが戸隠山である。夏は山登りやハイキング、冬はスキー客で賑わう北信随一の観光エリアだが、古来、日本有数の霊場として知られている。

そもそも戸隠山の開山が天岩戸神話に由来しており、「天照大御神《あまてらすおおみかみ》が、高天ヶ原の天の岩戸に隠れたとき、天手力男命《あまのたじからおのみこと》が、その岩戸をここまで投げ飛ばし、世に光を取り戻した」との伝説による。

約一三〇〇年前には、修験道の修行が行われるようになり、平安時代末、戸隠は修験道の名道場として都にまでその名が知られるようになった。上杉謙信、武田信玄、徳川家康といった名だたる戦国大名が戸隠を神聖な場所として崇めてきた。

修験道あるところに忍者が生まれる。戸隠もまた、伊賀・甲賀と同様、修験道をもとに独自の忍術がつくりあげられた。伊賀、甲賀に次いで、忍術の第三の源流とも言われている。

中社の門前町

◎戸隠（長野県長野市）

かつては独立した村だったが2005年に長野市に編入された。戸隠山の麓にあり、冬になると積雪のため交通が遮断されることもある。人口約4,500人。

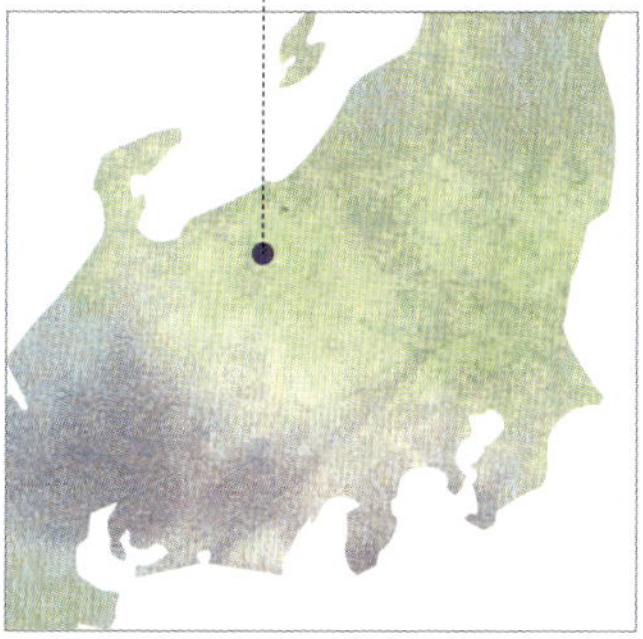

戸隠神社中社

八〇〇年にわたって継承されてきた忍術

戸隠流忍術が生まれた背景には、源氏の木曾義仲が大きく関係してくる。

平氏政権末期の頃、台頭し始めた源氏に対して平氏はその勢力をつぶしにかかった。治承五（一一八一）年、信濃国木曾で兵を挙げた木曾義仲を平定するため、越後の武将・城長茂《じょうながもち》が平家軍を伴って信濃に侵攻、横田河原《よこたがわら》の戦いが起こる。この合戦で義仲の家臣として、仁科大助という北安曇の豪族が参戦した。戸隠で修験道の修行をし、戸隠修験道の技を身につけていた仁科は、この戦で大いに活躍する。

その後、寿永三（一一八四）年の宇治粟津の戦いで義仲が討たれたあと、主君を失った仁科大助は伊賀に逃れ、そこで伊賀流忍術と出会う。大助がそれまで身に付けていた戸隠修験道に伊賀流忍術の要素が加わり、そこに「戸隠流忍術」が生まれたといわれている。仁科大助はのちに戸隠大助と呼ばれるようになる。

戦国時代には、戸隠流忍術の流れを汲んだ忍者たちが、上杉謙信や武田信玄などの忍びとして暗躍した。

戸隠流忍術の特筆すべき点は、古武道としてその技が現在まで継承されていることである。創始者の戸隠大助から約九〇〇年、現在は三十四代目の宗家として初見良昭《はつみまさあき》氏が戸隠流忍術を守っている。このように今もなお生きている忍術はほかにない。

忍法資料館として使用されている家屋

【戸隠流忍法資料館】

八〇〇点以上の戸隠忍者の資料を展示

壁に所狭しと展示されている忍具

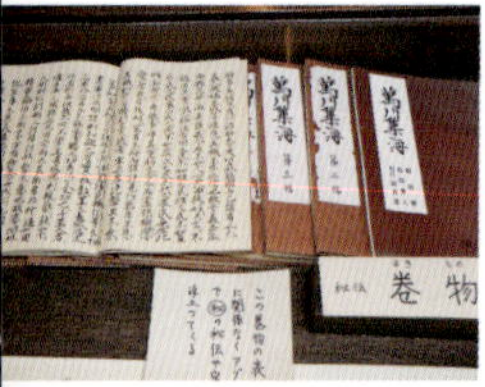

忍術書なども展示されている

戸隠流忍術を今に伝える「戸隠流忍法資料館」。総ケヤキ造りの豪農の民家を移築した家屋には、実際に使われた手裏剣やまきびしなどの忍具五百点、戸隠流の解説や実技の写真パネル二百点、その他多彩な忍法資料を展示している。

また、敷地内には、「戸隠民俗館」と「忍者からくり屋敷」が併設されており、大人から子供まで楽しめるようになっている。

【忍者からくり屋敷】

忍者部屋から階段、迷路を通り抜け、奥座敷までゲーム感覚でたどり着く忍者からくり屋敷。手裏剣道場もある。

同じ敷地内にある手裏剣道場

【戸隠民俗館】

江戸時代の穀倉を復元し、戸隠の伝統的な風土と生活を支えてきた民具約2000点を収蔵・展示。

【お問い合わせ】

☎026-254-2395

[住]長野市戸隠3688-12

[営]4月下旬～11月中旬　9:00～17:00（入館は16:30まで）

[￥]大人600円、小中学生400円
（戸隠民俗館・戸隠流忍法資料館・忍者からくり屋敷3館共通）

[休]営業期間中は無休

見どころ散歩

青《あお》鬼《に》集《しゅう》落《らく》

アルプスの山を借景に浮かぶ美しいかやぶきの里

長野県の北西部にある白馬村。北アルプス白馬岳の麓、姫川流域に位置するこの村は、越後と信州を結ぶ塩の道「千国街道」の中継地だった。その白馬村の北東の山腹にある山村集落が青鬼集落である。

かやぶき屋根の主屋が14棟、7棟の土蔵が並ぶ風景は圧巻。主屋は江戸時代後期から明治後期にかけて建築されたもので、集落全体が重要伝統的建造物群保存地区に選定されている。

また、集落東側の水田は石垣を伴った棚田となっており、「日本の棚田百選」に認定されている。

［住］長野県北安曇郡白馬村北城（青鬼地区）

お問い合せ先
☎0261-72-5000
（白馬村役場）

千《ち》国《くに》宿《しゅく》

塩の道の宿場として栄えた

千国宿は「千国街道」（塩の道）と 善光寺道が交差する交通の要衝で栄えた集落である。江戸時代には松本藩が番所を設置するなどして、大いに賑わった。

［住］長野県小谷村千国

近代に入り主要道から外れたため、宿は鄙びていったが、逆にそれが旧景観の存続につながり、風情ある町並みが今に残っている。集落の中心部近くに千国番所が復元され資料館となっている。

お問い合せ先
☎0261-82-2233
（小谷村観光連盟）

人と牛が寝泊まりした宿
牛《うし》方《かた》宿《やど》
（県宝旧千國家住宅）

牛方宿は、かつて物資を運んだ牛方と牛が一緒に寝泊まりした宿。糸魚川から松本まで物資を運んだ千国街道沿いには、何軒もの牛方宿があった。

しかし、明治時代になり新しい国道ができると街道はその役目を終え、牛方宿も姿を消した。今は、小谷村栂池高原の沓掛に位置するこの牛方宿のみが現存。2007年には村内に唯一残っていた塩倉を隣に移築した。

［住］長野県北安曇郡小谷村千国乙840
［営］9:00～16:30
［料］一般:300円 / 小中学生 100円
［休］火曜日（冬期休館:12月～4月中旬）

お問い合せ先
☎0261-71-5610
（牛方宿）

美味発見！
おいしいもの見つけた

善光寺の梵鐘をかたどった
「鐘楼最中」

長野の象徴ともいえる善光寺の公許を得たありがたい最中がある。創業文化元年の老舗和菓子屋「二葉堂」の「鐘楼最中」だ。戦国時代、上杉と武田が川中島で決戦を繰り返していた頃に、武田信玄が善光寺の焼失を恐れ、善光寺如来などの寺宝を甲斐へ移した。その際に一緒に持ち去ったとされる梵鐘がモチーフになっている。北海道産の大納言を使った粒あんと、栗あんの二種類の味がある。

【二葉堂　長野総本店】
☎026-241-2810
[住] 長野市石渡54-1
[営] 9:00～19:00
[休] 無休
[P] あり

茅葺き古民家で味わう
「戸隠そば」

戸隠神社中社の門前から少し離れたところにある戸隠そばの店「大久保の茶屋」。創業文化2年、200年以上の歴史を誇る老舗だ。数ある信州そばの中でも、戸隠そばは歴史の長さと様々なこだわりで格別の存在感を放っている。ぼっち盛りと呼ばれる盛り付けも特徴のひとつで、竹で編んだ丸いざるとともに目を楽しませてくれる。地元で採れた山菜を使った「山菜天ざる」なら、さらに戸隠ならではの味を堪能できる。

【大久保の茶屋】
☎026-254-2062
[住] 長野市戸隠
豊岡2764
[営] 10:00～18:00
[休] 無休
[P] あり

自然の中で食べる
「そば粉のガレット」

四季折々豊かな表情を見せる戸隠連峰を、水面に鏡のように映し出す鏡池。静かな森のレストラン「どんぐりハウス」はそのほとりにある。ギャラリーも併設した、ゆったりと過ごせるスペースだ。

メニューのメインはそば粉100%のガレット。ガレットが郷土料理であるフランスブルターニュ地方と信州は、気候がよく似ているそうで、そばの栽培も盛んなのだという。定番なら「ハムとチーズとタマゴのガレット」。デザートではそばの花から採れた蜂蜜を使った「そば蜂蜜のガレット」がおすすめだ。

【鏡池・どんぐりハウス】
☎026-254-3719
[住] 長野市戸隠2039-10
[営] 9:00～17:00
[休] 第三水曜定休（冬季は休業）
[P] あり

学びコラム❻

【忍具（忍者の武器）】

忍者の強さを支えた特殊な武器

忍者が用いる道具を「忍具」という。どの流派の忍者も、あらゆる事態に備えて特有の武器を常に携行していたといわれる。代表的なものをいくつか紹介しよう。

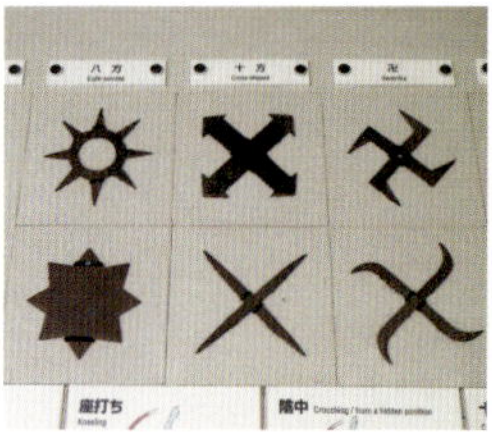

【手裏剣《しゅりけん》】

忍者の代表的な武器として知られる手裏剣。敵を殺傷するために使うものと、単に敵を驚かすために使うものなど、用途にあわせた何種類もの手裏剣がある。十字型をした四方手裏剣がよく知られている。

【鎖鎌《くさりがま》】

接近戦で威力を発揮した武器。先端に分銅のついた鎖を投げて、相手の身体に巻きつかせて自由を奪い、あるいは敵の刀に巻き付けて引き寄せ、鎌でとどめをさす、のが一般的な使い方。

【撒菱《まきびし》】

忍者が逃げるときに、背後に撒いて追っ手を防ぐための武器。水草の一種であるヒシの実を使ったものが多い。ヒシの実は、菱形をしており2本あるいは4本の鋭い刺が出ている。このヒシの実を乾燥させた物を撒菱にしていた。それ以外にも鉄製のものもあった。どう転がっても、とがった先が必ず上を向くように造られており、踏めば傷つきかなりの痛みを感じる。

【忍者刀】

日本刀を少しアレンジしたもので、切ることより突くことに重点を置いたつくりになっている。刀のつばも大きめにつくられており、塀などを乗り越えるための足場代わりに使えるようになっている。

【鉤縄《かぎなわ》】

縄の先に鉤を付けた武器。振り回して投げてひっかけ、城壁を登ったり塀を越えたりする。

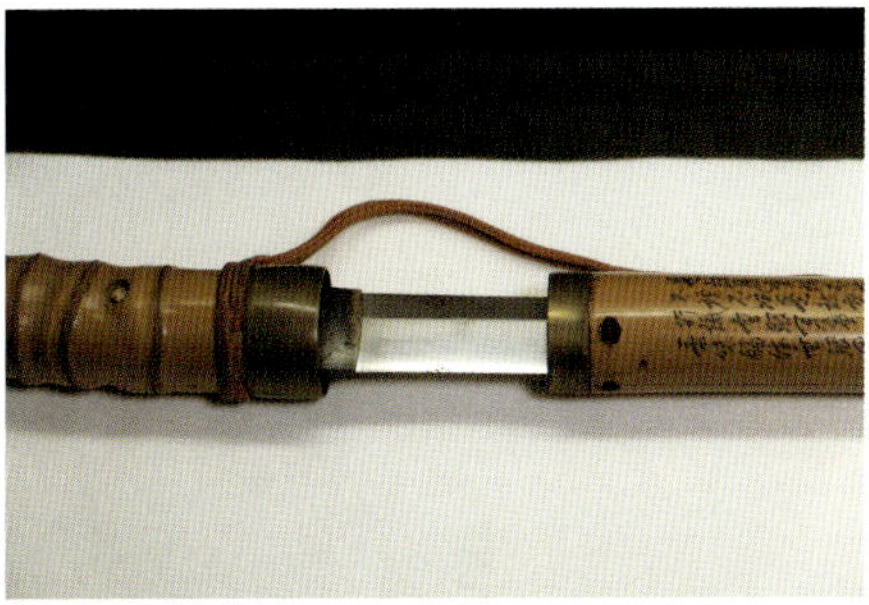

【仕込み武器】

一見すると武器には見えず、敵を油断させて攻撃できる。竹に細長い短刀が入った仕込み小刀や仕込み杖、短刀が仕込まれたキセル、あるいは横笛の中に吹き矢を仕込んだ武器などがある。

【苦無《くない》】

穴を掘るための道具だが、武器としても使える。

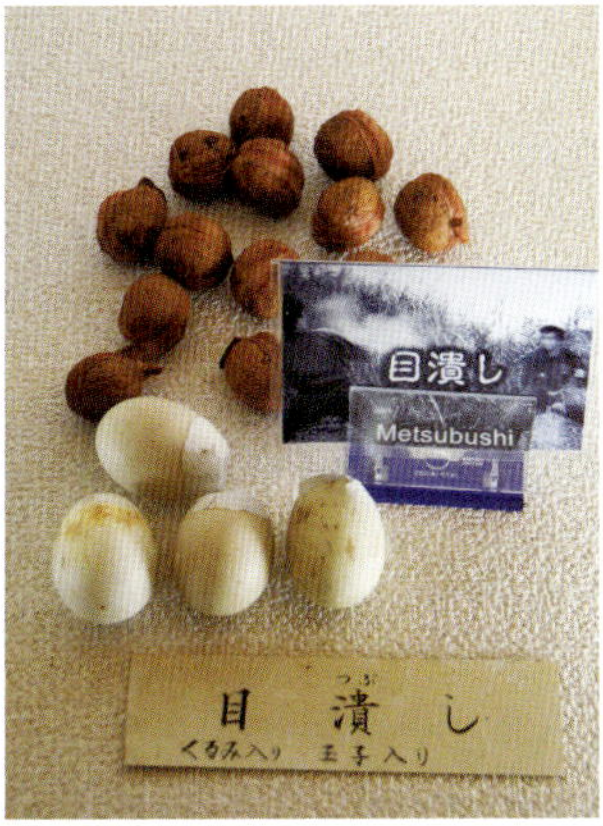

【目潰し】

唐辛子、灰、薬品などを混ぜたものを筒に入れ、敵の顔面めがけて吹き出す。

[協力]伊賀流忍者博物館／甲賀流忍術屋敷／甲賀の里・忍術村

戸隠エリア

北安曇エリア

忍者の里 四 和歌山県和歌山市雑賀

信長を翻弄した雑賀孫市を生んだ

雑賀《さいか》

優れた鉄砲技術と伊賀流忍術を融合

和歌山市内から車で数十分走ると、雑賀崎《さいかざき》という岬に出る。海にせり出した崖の斜面にはびっしりと家が立ち並び、岬全体がまるで要塞のように見える。

この雑賀崎を根城に、戦国時代、大暴れした人物がいる。

雑賀崎に雑賀城を構え、七万石を領した雑賀衆《さいかしゅう》の首領・鈴木孫市《まごいち》である。代々雑賀衆の頭領がそう呼ばれていたように、孫市も雑賀孫市と呼ばれていた。

孫市はその明るく豪快剛毅な性格から多くの者に慕われ、さらに群を抜く鉄砲技術を身につけており、戦国一の鉄砲集団である雑賀

雑賀城跡

雑賀（和歌山県和歌山市）

和歌山市の南西部にある和歌浦の岬の一つを指す。奥和歌浦とも呼ばれている。中世には鉄砲傭兵集団である雑賀衆の本拠として知られた。呼び名は「さいか」。

衆の頭領として活躍した。戦での孫市は雑賀鉢兜《さいかばちかぶと》をかぶり、天狗具足という魚鱗小札《ぎょりんこざね》の胴着を付け、さっそうと戦場に現れて非凡な采配で敵を圧倒したといわれる。

この雑賀衆、その成り立ちには伊賀忍者が大きく関わっている。

天正九（一五八一）年、遠く伊賀の地で、伊賀者と織田信長の戦い「天正伊賀の乱」が起きた。結局、信長によって伊賀は焦土と化してしまうのだが、その際、伊賀の三大上忍の一人である百地丹波守が消息不明になっている。実は、この時、百地丹波守は修験者に守られて高野山を越え、雑賀衆と根来衆《ねごろしゅう》を頼って落ち延びた。そこで、雑賀衆と根来衆に伊賀流忍術を伝授したといわれている。

数々の戦の舞台となった紀ノ川

天守閣から眺める和歌山市街

和歌山城

さらに、偶然種子島に漂着した根来の人間によって、根来に鉄砲が伝わり、それが雑賀にも同時に伝わった。この鉄砲の技術と伊賀流忍術をもとにした紀州流忍術が組み合わさって、戦国最強の鉄砲集団が誕生した。雑賀孫市も彼が率いる雑賀衆も、その強さの原点は伊賀流忍術にあったといっても過言ではない。

信長との戦いで歴史に名を刻んだ孫市

雑賀孫市と雑賀衆が歴史に名を刻んだのは、信長との戦いによってである。

雑賀衆も孫市も一向宗（浄土真宗）の門徒であった。雑賀衆は、石山本願寺の要請によって信長との

孫市が一向宗の道場を置いた蓮乗寺。「雑賀住平井孫市郎藤原義兼」との名が刻まれた墓石が残されており、鈴木孫一の墓ではないかといわれている。

根来衆の拠点となった根来寺

本願寺鷺森別院。石山本願寺から退去した顕如が本願寺を移転した寺。

戦いに参加する。

元亀元（一五七〇）年の戦い、天正四（一五七六）年の戦いなどにおいて、当時日の出の勢いだった信長軍を何度か敗走させた。その結果、信長をして「石山本願寺を攻略するには、まずは雑賀党を滅ぼさねばならない」とまで言わしめた。

天正五（一五七七）年、信長はついに雑賀に攻め入る。孫市は最後まで果敢に戦うが、圧倒的な兵力の前に力尽きて降伏した。果たして信長はその後、長年の宿敵であった石山本願寺を完膚なきまでに攻め潰すことになる。

数年後、放免された孫市は、関ヶ原の戦いでは西軍に属して家康率いる東軍と戦ったが、最晩年は

供養碑がある鷺森別院岡崎支坊

孫市本人もしくは孫市の縁者のものと思われる供養碑

来迎寺。雑賀衆太田党の本拠となった太田城は、天正13（1585）年の秀吉の水攻めによって落城した。その太田城址碑がこの寺の境内に建てられている。

太田城址碑

家康の配下となり、三千石を与えられて水戸藩初代藩主の徳川頼房《よりふさ》に仕えた。

戦国の世を、自らの力でさっそうと駆け抜けた戦国の異端児雑賀孫市。残念ながら、現在の和歌山市内には、孫市に関連する史跡はあまり多くは残っていない。

ただ、往時の雑賀庄の中心地であったといわれる本願寺鷺森《さぎのもり》別院《べついん》に立ち寄り、雑賀崎のある和歌浦の港に佇めば、戦国時代に跋扈した雑賀衆と孫市の姿を思い起こすことができるかもしれない。

見どころ散歩

漆器町の独特な景観が残る
黒《くろ》江《え》の町並み

室町期から黒江塗と呼ばれる紀州漆器で栄えた町。黒江塗は輪島塗のルーツともいわれ、江戸中期には紀州藩の保護のもと大いに発展。日本の漆器四大産地のひとつに数えられている（他に会津漆器、越前漆器、山中漆器）。現在は、京風で趣のある連子格子の外観を擁する町屋、のこぎりの歯型の町並みなど、独特な漆器町の景観が残っている。町の中心部にある「うるわし館」では漆器が展示・販売されている。

［住］海南市黒江

お問い合せ先
☎073-484-2326
（海南市物産観光センター）

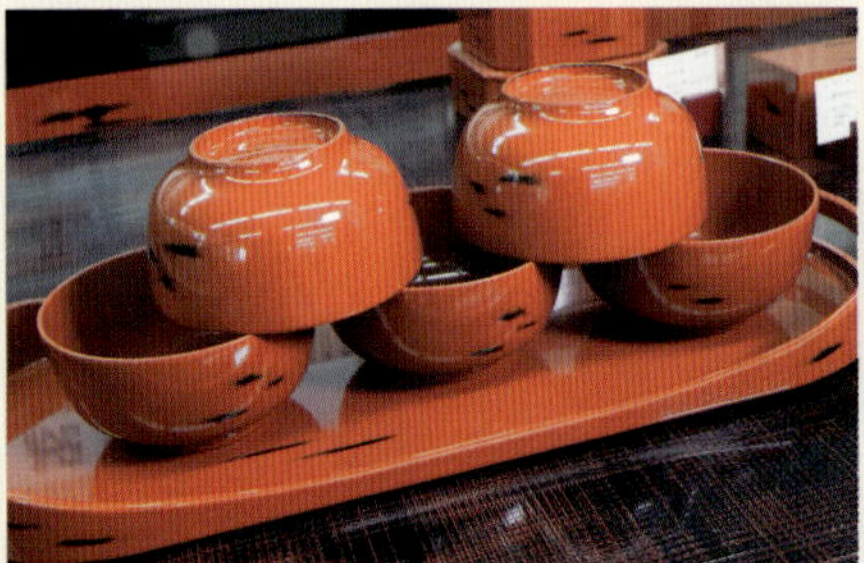

【うるわし館】（紀州漆器伝統産業会館）
☎073-482-0322
［住］海南市船尾222
［営］10:00～16:30
［休］毎月第2日曜日 お盆・年末・年始

湯浅の町並み

かすかな醤油の香りの中で歴史散歩

平安時代に熊野古道の宿駅として栄えた湯浅。江戸時代に金山寺味噌から発展した日本の醤油醸造の発祥地として知られる。北町や中町、鍛冶町を中心に醤油屋や麹屋、味噌屋が軒を連ね、本瓦葺きの町家や重厚な土蔵が細い路地の両側に建ち並ぶ。立ち上るかすかな醤油の香りの中で歴史散歩を楽しめる。天保12(1841)年創業の醤油の老舗「角長」では、職人蔵を公開。湯浅港との間を醤油船が行き来した大仙堀も残っている。

[住]有田郡湯浅町

お問い合せ先
☎0737-63-2525
(湯浅町役場)

幻の献立
「孫市鍋」

地元の英雄、雑賀孫市の名前を冠した「孫市鍋」は和歌山の新名物だ。きっかけは2005年から始まった孫市まつり。地元和歌山を雑賀衆で盛り上げようとする動きの中で、孫市にちなんだ名物料理を模索していた。そうして、古文書にもとづき、孫市が本願寺の上人をもてなした際の献立にアレンジを加えて、孫市も食べたであろう料理を再現したのだという。

その料理の開発に尽力したのが船瀬さん。地元和歌山の新鮮な魚介にこだわった割烹「船瀬」の板前店長だ。孫市鍋は地鶏のほか、鯛、海老、サザエなど旬の魚介をふんだんに使った本格派の鍋。アクセントとして梅わさびをつけて食べるところにも、和歌山らしさが工夫されている。

【割烹　船瀬】
☎073-423-3614
[住] 和歌山市元博労町14
[営] 17:00～22:00
[休] 不定休
[P] なし

懐かしい手作りの味
「おおやさ」

雑賀崎漁港では、入り組んだ細い路地の奥に、さまざまなお店がひっそりと営業している。

「おおやさ」と「あせ寿司」が名物の「池田商店」もその一つ。おおやさとは、雑賀崎に昔から伝わるよもぎ団子のことで、黒蜜ときなこをまぶして食べる。蜜が絡みやすいようにと、団子は丸くせず、あえて千切ったままの形をしている。「おおやさ」の語源は、串に団子が5つも刺さっているため「多いなあ」という意味の「多いやさあ」が変化したものだという説があるが、定かではない。

【池田商店】
☎073-447-2113
[住] 和歌山市雑賀崎1136
[営] 8:00～17:00
[休] 不定休
[P] なし

特製タレで食べる「しらす丼」

湯浅は、和歌山県内でしらすの水揚げ1位を誇る。市内の各店では、さまざまなしらす丼が提供されている。

湯浅駅前にある「かどや食堂」は、地元に愛される老舗の食堂。釜揚げしらす丼と生しらす丼があり、どちらも特製の醤油ダレでいただく。タレは、湯浅の醤油をベースに、有田みかんのはちみつ、紀州梅の梅干しを使うことでコクと甘味を出した自慢の味。これをしらす丼にかけると、和歌山、湯浅の味を一口で満喫できる。

【かどや食堂】
☎0737-62-2667
［住］和歌山県有田郡湯浅町湯浅1109-1
［営］水・日　11:00～14:00
　　それ以外　11:00～14:00、17:00～21:00
［休］不定休
［P］あり

ご当地 とっておき 情報

◎紀州雑貨の店「孫市城」

孫市と雑賀衆を全国にPR

和歌山市のほぼ中心地にある紀州雑貨の店「孫市城」。その名が示す通り、雑賀孫市と雑賀衆に関連する商品を販売している和歌山ならではの店だ。孫市タオルや孫市バッチ、雑賀衆マグカップなど、ここでしか手に入らないレアグッズを数多く取り揃えている。店主の森下幸生さんは、雑賀衆と孫市のPRを通して町の活性化を目指す「孫市の会」の代表。商品の販売だけではなく、孫市と雑賀衆に関する情報を全国に向けて発信している。

【紀州雑貨「孫市城」】
☎073-423-3136
［住］和歌山市杉ノ馬場1-27
　　ビジネスイン南海1階
［営］平日11:00～17:00、土日祝10:00～17:00
［休］祝日を除く毎月曜日

【忍術書】

忍者の奥義が記された三大忍術秘伝書

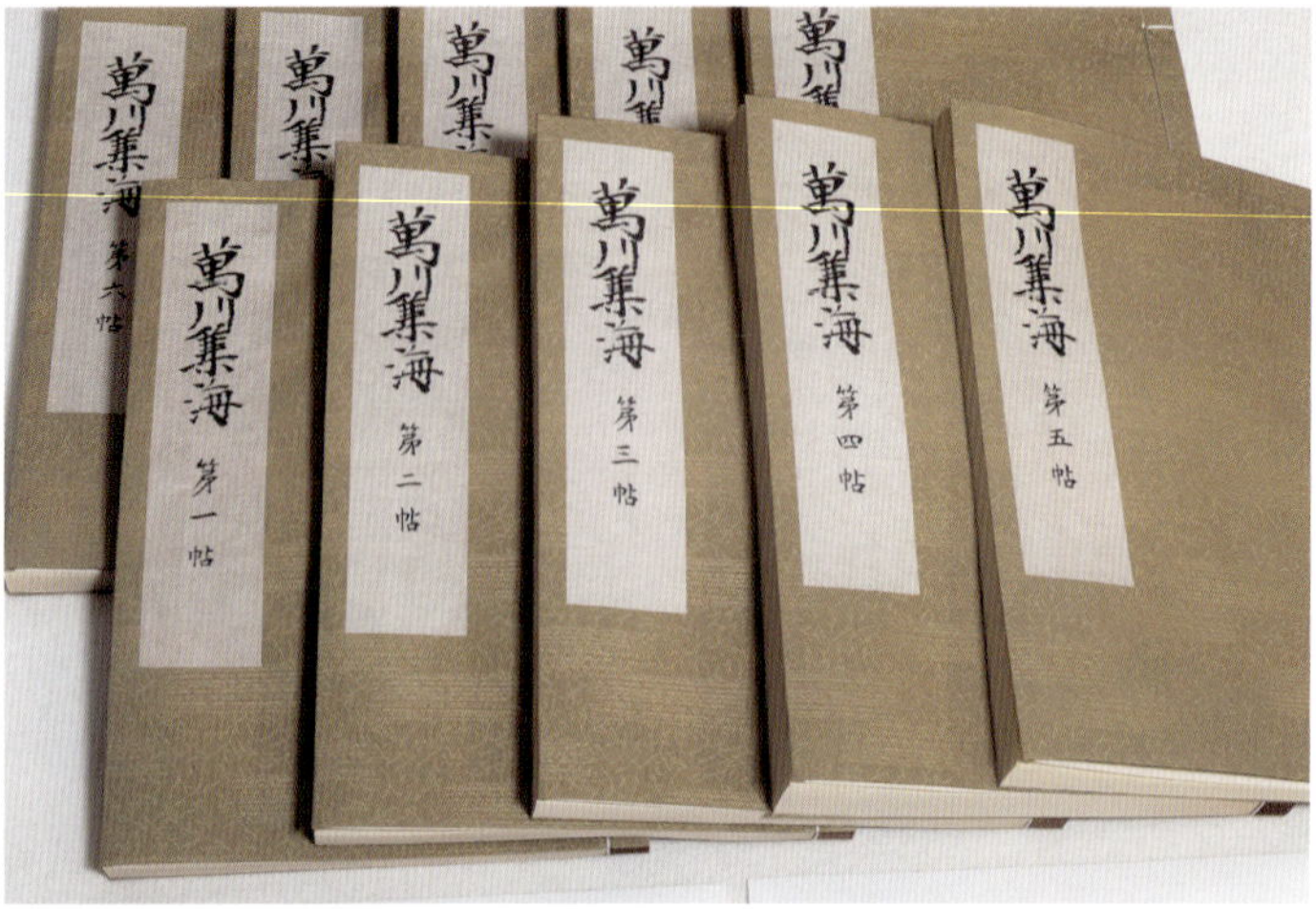

「萬川集海」のレプリカ

忍者の技を後世に残そうとして書き残された文献が秘伝書。忍者の技や歴史にとどまらず、忍具や薬や呪術のことが著わされている。決して人に見せてはいけない秘伝書だが、江戸時代にはかなりその縛りもゆるくなり、許可を得て他家の者が書き写したりすることもあった。

さまざまな流派に秘伝書が残っているが、中でも三大忍術秘伝書と呼ばれているのが「萬川集海《まんせんしゅうかい》」「忍秘伝《しのびひでん》」「正忍記《しょうにんき》」の三つである。

延宝四（一六七六）年に書かれた「萬川集海」（万の川が海に集まったような忍術の集大成という意味）は、伊賀と甲賀の忍術のすべてを書いたもので、全二十二巻。正心、将知、陽忍、陰忍、天時、忍器の六編で構成されている。著者は伊賀の藤林長門守の子孫、藤林保武《やすたけ》といわれている。

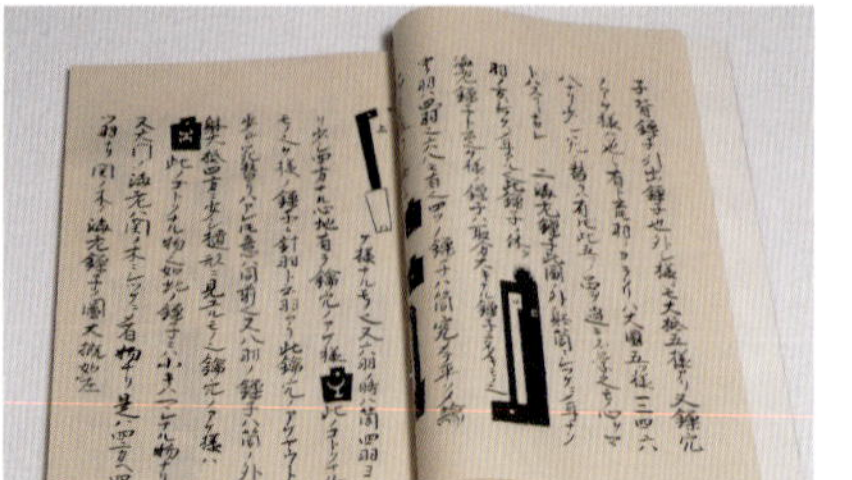

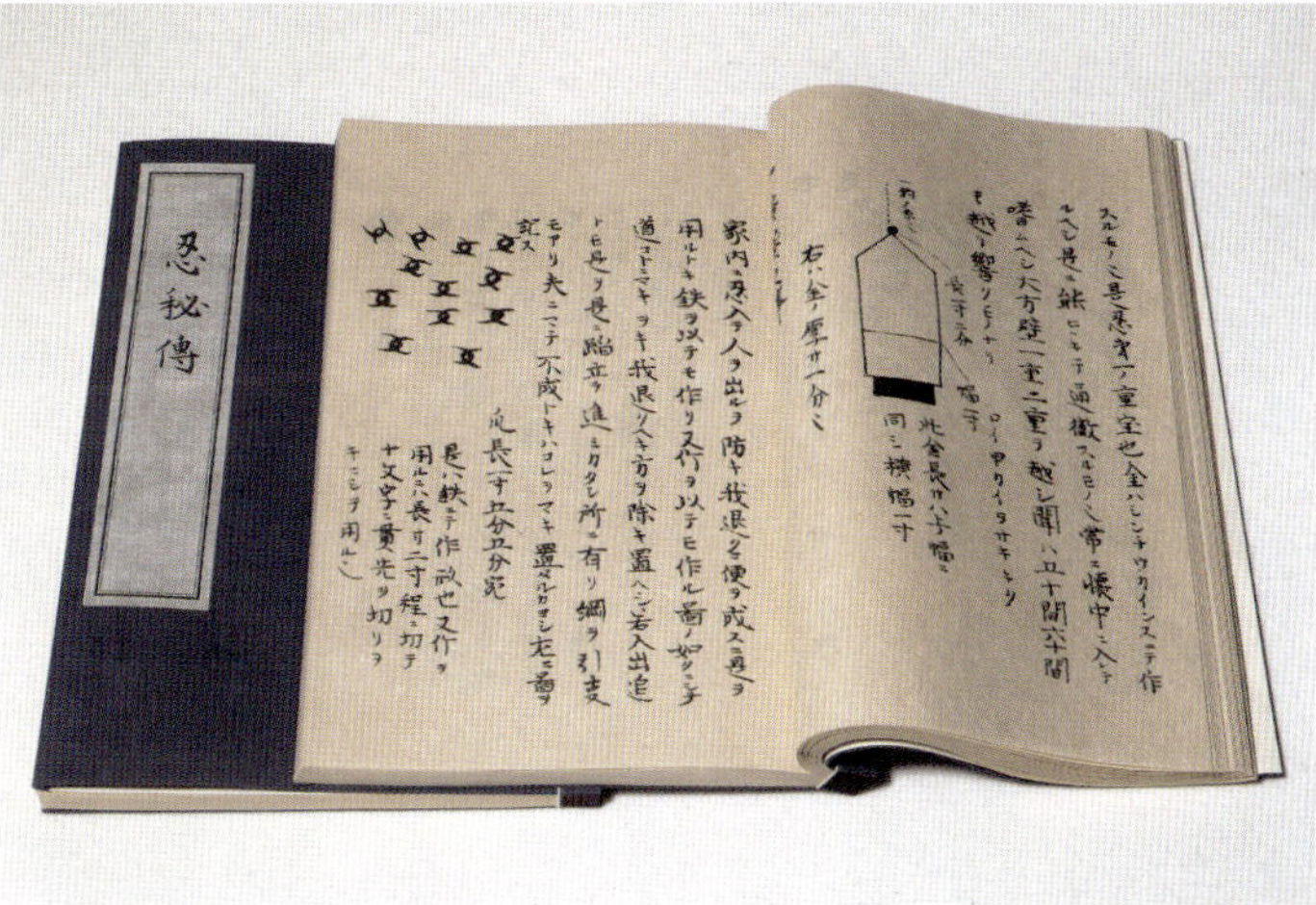

「忍秘伝」のレプリカ

「忍秘伝」は永禄三（一五六〇）年、伊賀の服部半蔵正成が書いたと長い間言われてきたが、岡山藩に仕えていた伊賀者が元禄十三（一七〇〇）年頃に書いたものだと判明した。忍者の歴史、忍具、薬などについて書かれている。

延宝九（一六八一）年、紀州藩の軍学者・名取三十郎正澄によって書かれたのが「正忍記」。軍学の流派・楠流から派正した新楠流の忍術をまとめたもの。八代将軍吉宗が創設した「御庭番」の任についた者たちが学んだ書といわれる。

これら忍術書の多くは江戸時代に書かれた。戦国時代が終わり、活躍の場がなくなっていく中、自分たちがつくりあげてきた忍びの技や忍びとしての心構えなどを、後世に伝え残したいと考えたのだろう。

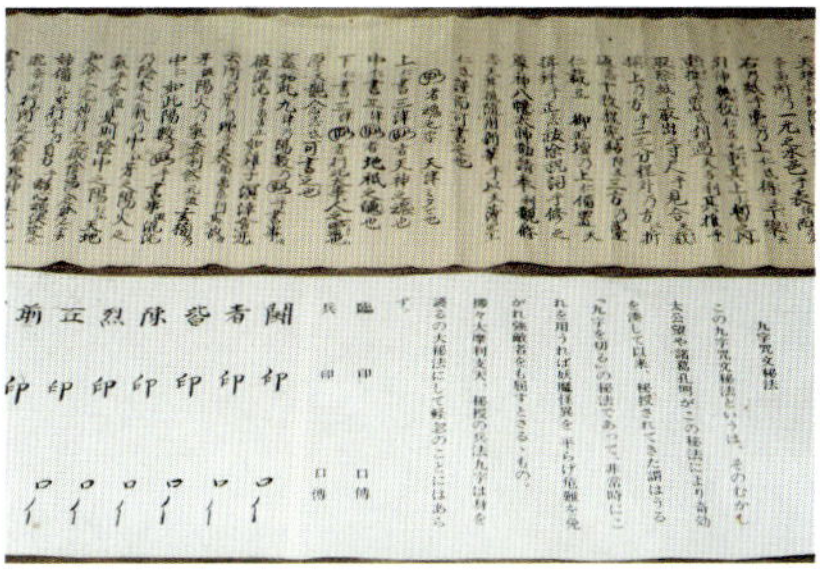

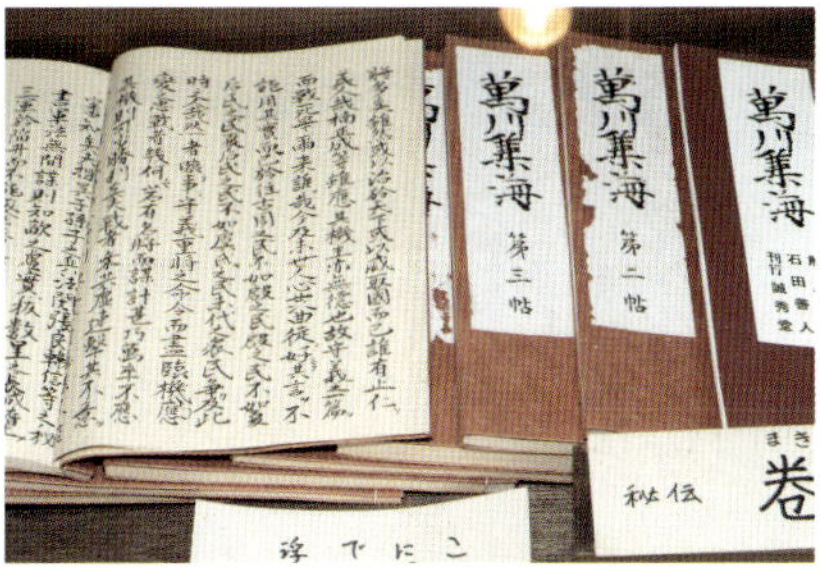

［協力］甲賀流忍術屋敷／戸隠流忍法資料館

雑賀

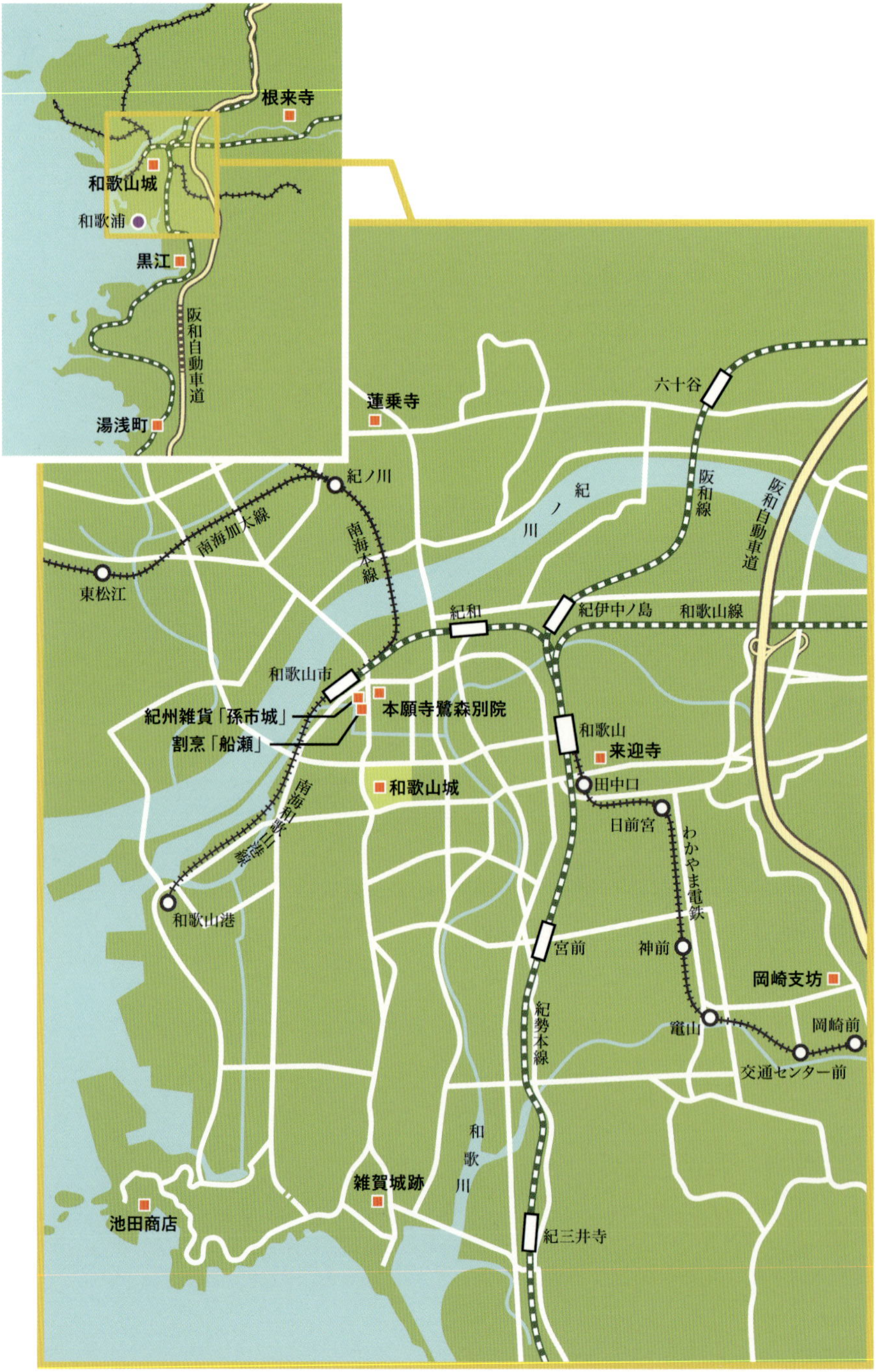
根来寺
和歌山城
和歌浦
黒江
阪和自動車道
湯浅町
蓮乗寺
六十谷
紀ノ川
南海加太線
南海本線
東松江
紀
ノ
川
阪和線
阪和自動車道
紀和
紀伊中ノ島
和歌山線
和歌山市
紀州雑貨「孫市城」
本願寺鷺森別院
割烹「船瀬」
和歌山
来迎寺
田中口
和歌山城
南海和歌山港線
日前宮
わかやま電鉄
和歌山港
宮前
神前
岡崎支坊
紀勢本線
竈山
岡崎前
交通センター前
和
歌
川
雑賀城跡
池田商店
紀三井寺

忍者の里 五 山梨県甲府市

武田信玄の三ッ者が跋扈した 甲《か》斐《い》

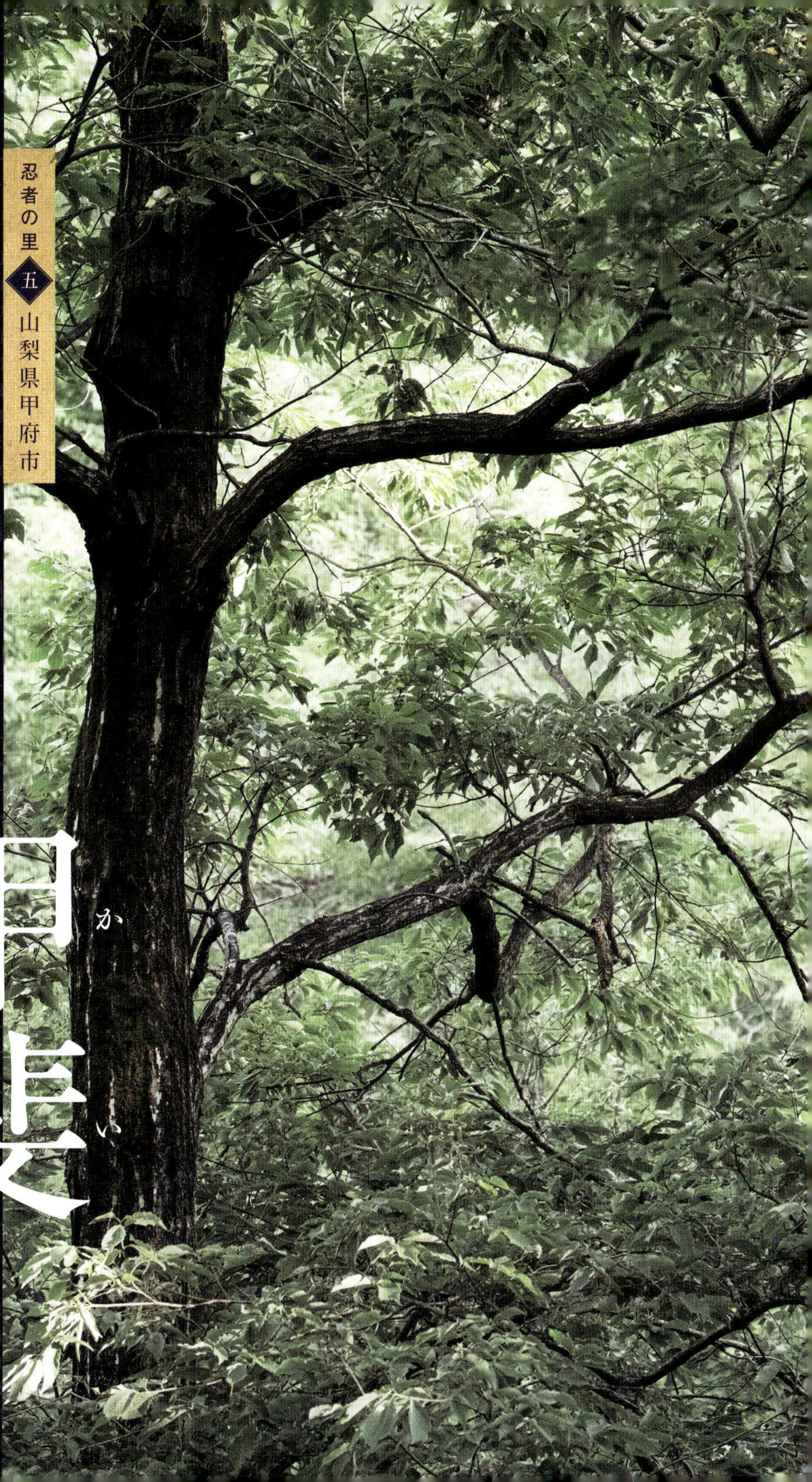

戦国時代最大の忍び集団

戦国時代最強の呼び声が高い武田信玄。あの織田信長がもっとも恐れた武将であり、当時、天下統一にもっとも近かった武将だったといえるだろう。実は、この武田信玄の強さを支えていたものの一つが「忍びの集団」であった。

信玄はその忍びの集団を「三ツ者」と呼んだ。間見《まみ》、見方《みかた》、目付《めつけ》の三つの役割に携わる忍びの者の総称である。

三ツ者たちは、僧侶、商人、医者、修験者などに姿を変えて諸国に散り、他国の内情や兵力、家臣の動向や城主の能力などにいたるまで多くの情報を信玄にもたらし

甲府善光寺

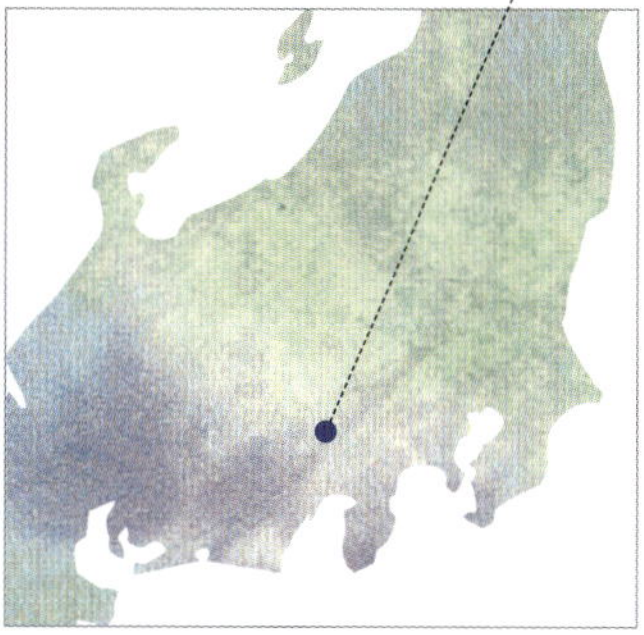

◎甲府（山梨県）

山梨県のほぼ真ん中にある人口約20万人の町。武田氏の拠点があったことから、甲斐国の府中という意味で「甲府」と名付けられた。

たといわれている。

さらに信玄は、町人、農民、旅芸人の職業を問わず、忍びとしての才能がある者を組織に取り込んだ。情報を手に入れるだけではなく、籠絡や放火や擾乱や流言飛語の流布など、あらゆる目的で忍びを使った。

例えば、天文十一（一五四二）年に信濃国平定のために行った諏訪攻め、天文二十二（一五五三）年から四度の戦いを繰り広げた上杉謙信との川中島合戦。これらの戦の舞台裏では多くの三ツ者たちが暗躍したといわれている。

その数二〇〇人以上。戦国随一の忍者集団であった。

馬場信春の墓

武田信玄を祀る武田神社

信春の墓がある自元寺

馬場信春と歩き巫女「くノ一」

武田の忍者集団「三ツ者」の礎となった忍術は甲陽流忍術だといわれている。これは、武田信玄が考案した甲州流忍術をもとにつくられたもので、三人の流祖がいる。武藤《むとう》喜兵衛《きへえ》（武田家家臣の武藤家の養子となった真田昌幸の養子名）、のちに武田四天王と呼ばれる山県昌景《やまがたまさかげ》、そして馬場信春《ばばのぶはる》である。

永正十二（一五一五）年、甲斐で生まれた馬場信春は教来石《きょうらいし》を所領とした武川衆に属し、武田信玄に仕えて目覚ましい戦功をあげた。なかでも間諜働きがうまく、前述の諏訪攻めの際にも変装して諏訪に潜入し、流言飛語をまきちらし

川中島古戦場・妻女山（さいじょざん）からの風景

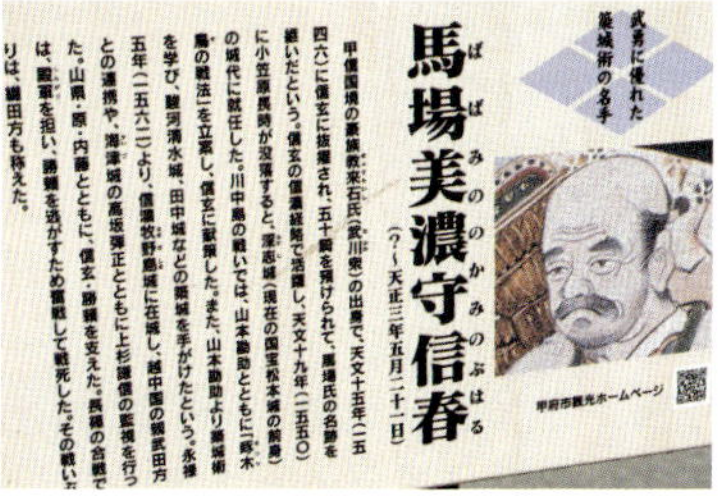

馬場信春の住居跡

て敵の戦意を喪失させた。ただ、武田家の重臣となってからは当然のことながら自ら動くことはせず、三ツ者の頭領である富田郷左衛門《とみたごうざえもん》などを使い、組織的な情報収集をして信玄を陰で支えたという。

また、信玄は女忍者「くノ一」を考え出したといわれている。富士山の浅間神社に仕える御師《おし》たちが、各地にお札を配って歩くのを見て信玄は「歩き巫女」による諜報活動を思いついた。そして、川中島の戦いで戦死した望月城主・望月守時の未亡人・望月千代女《もちづきちよめ》を「甲斐信濃二国巫女頭領」に任じ、信濃小県郡禰津村（東御市）に女間諜「くノ一」の養成機関を設けたといわれる。

ここで教育された二〇〇人以上

八幡原史跡公園（長野県長野市）
にある川中島古戦場跡と八幡社

武田信玄と上杉謙信像

武田信玄墓所

のくノ一たちが、歩き巫女となって男間諜では得られない情報を集めた。

戦国一の忍者集団をつくった武田信玄。残念ながら、この武将の国である甲斐国（山梨県）に、忍びの者たちの足跡は何も残っていない。点在する信玄やその家臣たちの史跡を見ながら、想像を広げていくしかないようだ。

見どころ散歩

台《だい》ケ原《はら》宿《しゅく》

古い酒蔵が残る甲州街道の宿場町

江戸時代、甲州街道の宿場町として栄えた台ケ原宿。今も古い家並みが残っており、なかでもひときわ目立つのが酒蔵の北原家。山梨を巡幸した明治天皇の行在所となった由緒ある木造建築で、現在も七賢・山梨銘醸の酒蔵として利用されている。また、生信玄餅で有名な金精軒やつるや旅館など、往時の風情を今に伝える建物が数多く佇んでいる。

［住］北杜市白州町台ケ原

お問い合せ先
☎0551-42-1117
（北杜市白州総合支所）

右《う》左《ば》口《ぐち》宿《じゅく》

家康が朱印状を発行した宿場町

甲

甲斐(甲府)と駿河(吉原宿)を結ぶ中道往還の宿場として賑わった右左口宿。武田氏滅亡後に家康が右左口宿に着陣した際に、村民から手厚いもてなしを受けたことから、右左口の村民に海産物の売買を免税する朱印状を発行し、商業活動を許可する特権を与えたといわれる。漆喰壁の家屋と土蔵が、昔の往還と当時の宿の風情を伝えている。

[住] 甲府市右左口町

お問い合せ先

☎055-237-5702

(甲府市観光課)

美味発見!

おいしいもの見つけた

米の美味しさが味わえる「極上生信玄餅」

近年は、行列ができるという「水信玄餅」で知られる「金精軒」、これは夏限定、店舗でしか味わうことができない。お土産なら「極上生信玄餅」がおすすめ。北杜市産の米を100%使い、米の味を引き立てるため砂糖の使用を従来品の半分に抑えている。ほんのり優しい甘さとモチモチの食感。消費期限は3日間のみ。こだわりの味をお試しあれ。

【台ヶ原金精軒台ヶ原本店】
☎0551-35-2246
[住] 山梨県北杜市白州町台ヶ原2211
[営] 9:00〜18:00
[休] 木曜定休
[P] あり

甲斐

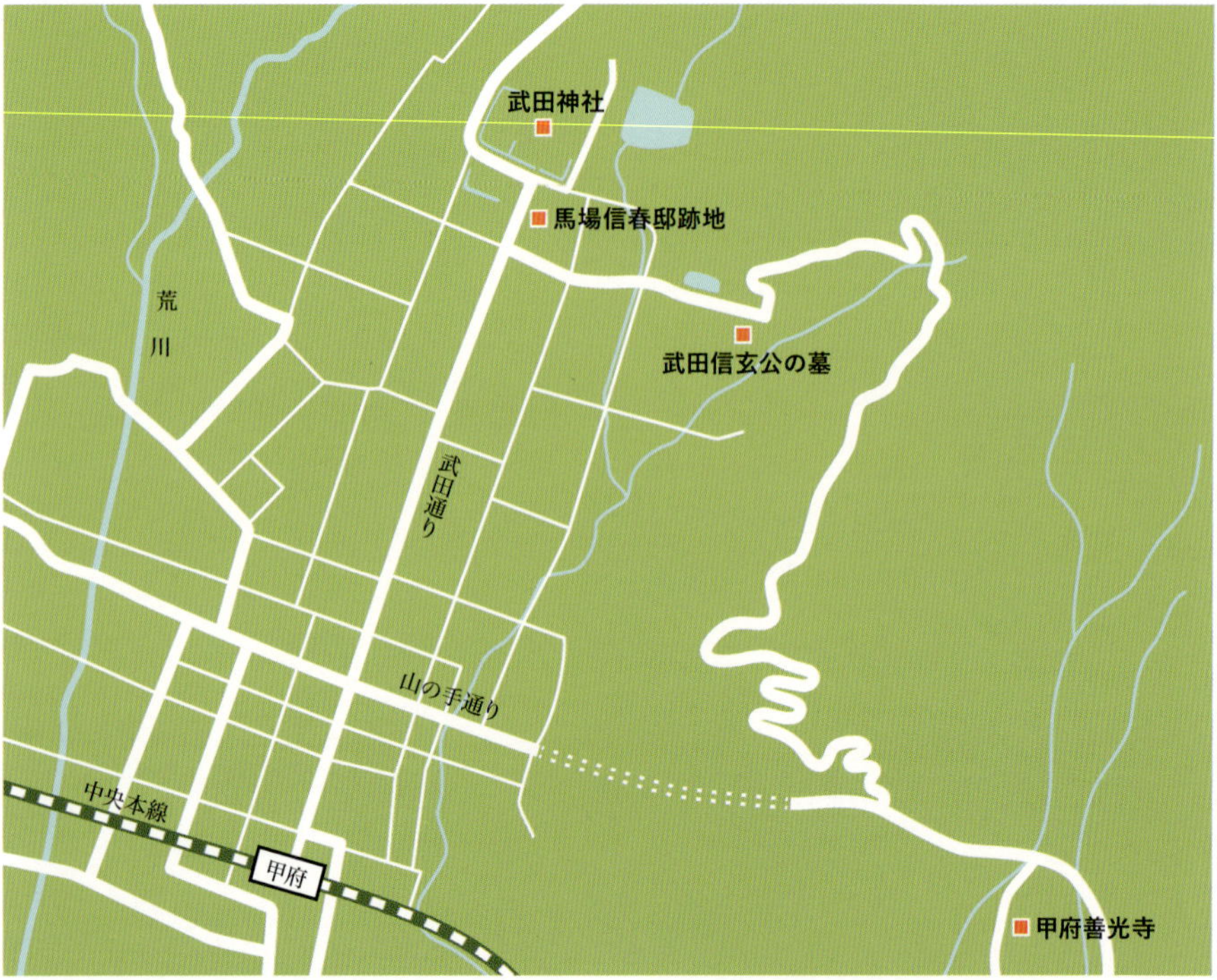
武田神社
馬場信春邸跡地
武田信玄公の墓
荒川
武田通り
山の手通り
中央本線
甲府
甲府善光寺

釜無川
自元寺
台ヶ原宿
七賢
R20
尾白川
台ヶ原金精軒
本店

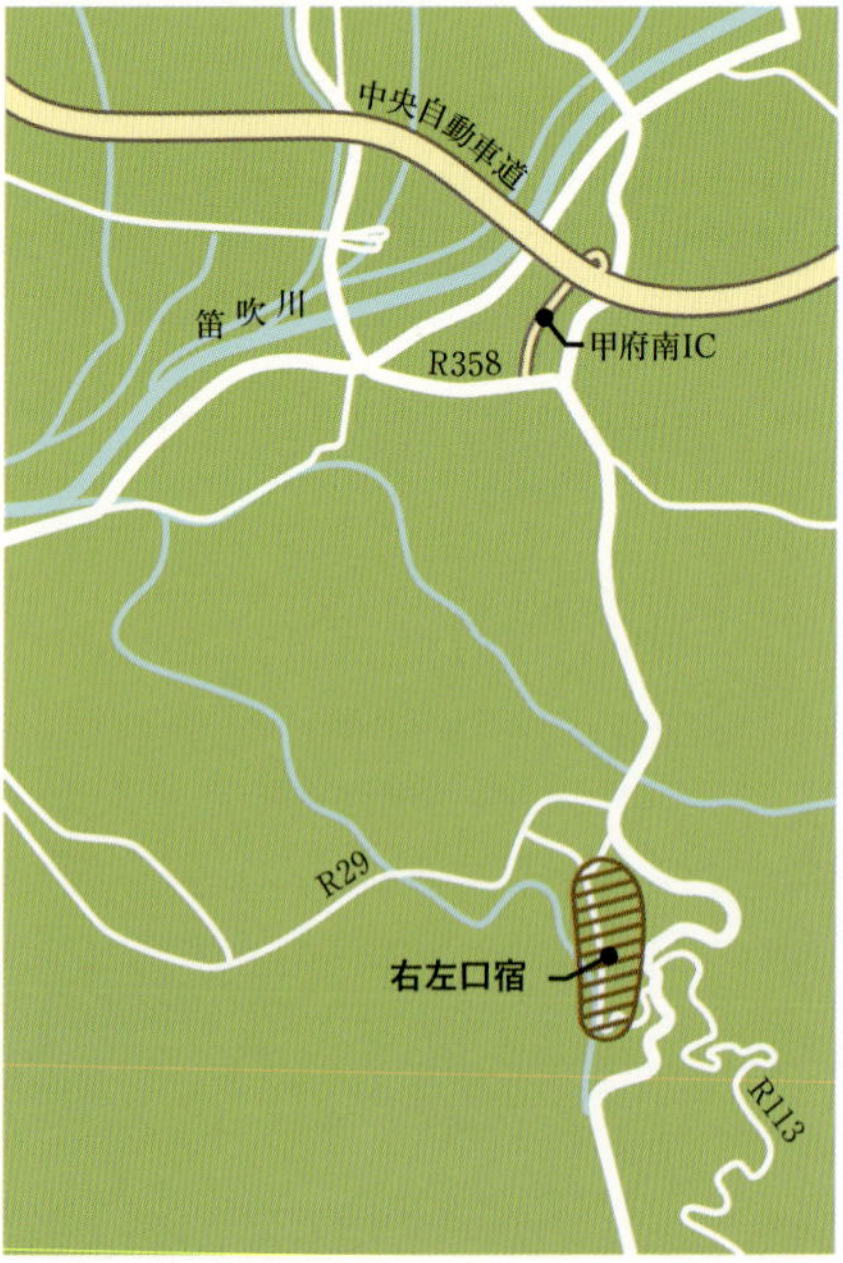
中央自動車道
笛吹川
R358
甲府南IC
R29
右左口宿
R113

忍者の里 六 神奈川県小田原市風祭

小太郎率いる風魔党の故郷

風《かざ》祭《まつり》

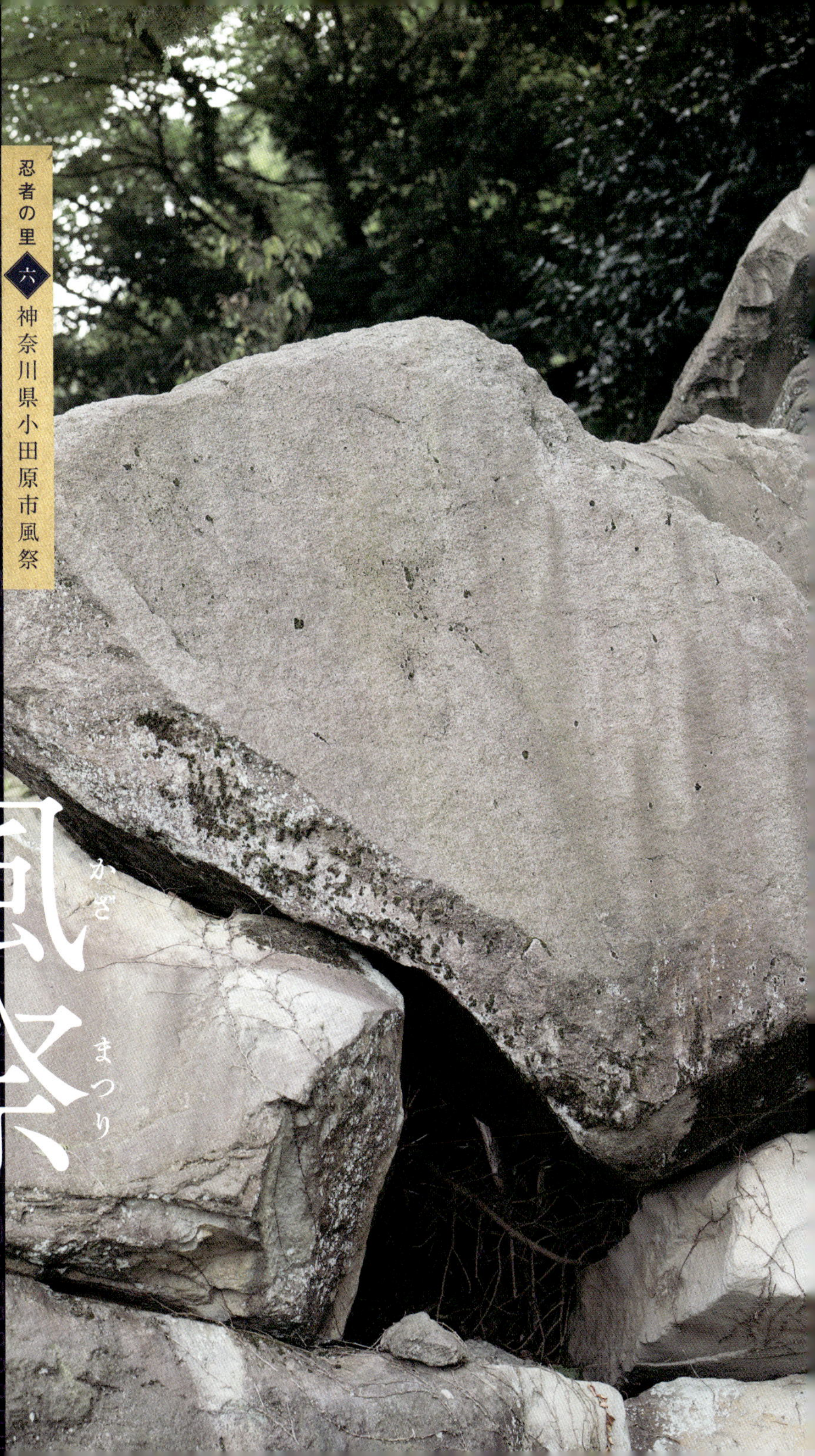

北条氏に仕えた忍者集団

　戦国時代、関東の覇王として長く君臨した北条氏。小田原を拠点に北条早雲から氏直にいたる五代百年にわたって、その権力をほしいままにした。この北条氏の忍びとして暗躍したのが風魔党《ふうまとう》と呼ばれた忍者集団である。

　頭領の名は、風魔小太郎《ふうまこたろう》。伊賀の服部半蔵と同じように代々風魔党の長が継ぐ名である。しかし、最終的に風魔小太郎は何代目まで続いたのかはわからぬままになっている。

　風魔小太郎の出自については諸説ある。

　伊賀者が流れてきたという説や

老舗が立ち並ぶ小田原の町

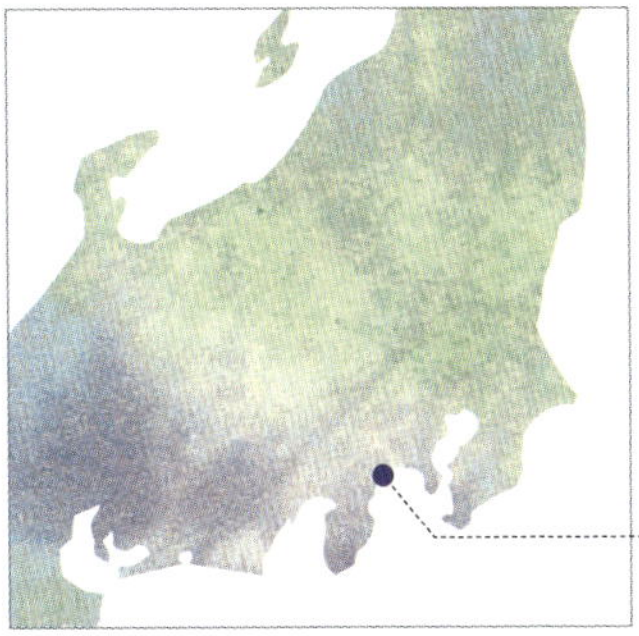

風祭(神奈川県小田原市)

神奈川県西部にある人口約20万人の町。古くから城下町として栄え、江戸時代には東海道の宿場町としてもにぎわった。箱根観光の拠点でもある。

小田原市街

小田原城

武田の三ツ者だったという説、あるいは、大陸から渡ってきた騎馬集団の一人であるという説もある。なにしろ身の丈二メートル以上、鷲鼻でぎょろりとした目をいつも光らせていたというから、あ

風祭地区

北条四代当主・氏政とその弟氏照の墓。小田原攻めのあと、秀吉に切腹を命ぜられ自刃。

りえない話ではないかもしれない。

風魔の名が広く知られるようになったのは、その攻撃の手口によってであった。風魔は、与えられた任務を遂行するにあたって、接した敵方の者を皆殺しにしたといわれる。その残酷さに周囲の者は恐れ、それが噂として広まっていった。

さらに、北条氏が滅亡してからの風魔の仕業も多くの悪評を生んだ。伊賀出身の石川五右衛門が江戸で盗賊になったように、風魔小太郎も江戸で盗賊になり、さんざん悪事を働いた末、同じ忍び出身である高坂甚内に密告されて処刑されてしまう。

そんな悲劇的な最期も、風魔小太郎の名が人々の記憶に残った理由なのかもしれない。

かつて風魔一族が暮らしていた風祭

この風魔小太郎を領袖とする風魔党が住んだ集落が小田原にある。現在、風祭と呼ばれる地区で、足柄山麓にある山間の小さな集落である。風祭とは風間が変化したもので、そこを拠点にしたので「風間」と名乗り、それがいつの間にか「風魔」という文字があてられるようになったといわれる。

現在の風祭は、箱根に近い国道一号線に面したところにある。

風魔関連の史跡はまったく残っていないが、細い路地を歩いていると、風祭という地名に隠された風魔の歴史が立ち上ってくるよう

な気がしてくるから不思議だ。
村を少しはなれ、近くの山にのぼれば、豊臣秀吉が小田原攻めの際に造った石垣山一夜城の跡があり、そこからはたしかに小田原城がしっかりと見える。
天正十八（一五九〇）年、十五万の軍勢をひきつれて小田原に攻め入った秀吉。ほどなく小田原城は陥落するのだが、そのとき風魔小太郎をはじめとする風魔一族は、どこからその様子を見ていたのだろうか。あるいは、戦闘に加わっていたのだろうか。
ひょっとすると、風祭の村の中にじっと潜んで、戦が終わるまで隠れていたのかもしれない。さあ、次はどこで暴れてやろうか……そんなことを考えながら。

見どころ散歩

小田原港

相模湾を漁場とする歴史ある漁港

JR東海道「早川」駅から徒歩5分のところにある小田原漁港。相模湾の中心的な漁港として古くから活気を呈している。漁港のすぐそばには海鮮市場やお魚センターなどの店が並び、休日ともなれば多くの人で賑わいを見せる。新鮮な魚介類をはじめ、小田原名産のかまぼこ、干物から野菜・果物まで、小田原の地の物を存分に満喫できる。

［住］小田原市早川1丁目

お問い合せ先
☎0465-22-4475
（小田原市漁業協同組合）

石垣山一夜城公園

小田原の町を見下ろす眺望も人気

豊臣秀吉の小田原攻めの際、一夜のうちに周囲の樹木を伐採し、城を築いたように見せかけたという「一夜城」の逸話が残る石垣山。現在は、一夜城公園として整備され、わずかに残る城跡とともに、小田原を一望する眺望を楽しむことができる。

［住］小田原市早川字梅ヶ窪地内

お問い合せ先
☎0465-33-1300
（小田原市役所）

鈴廣のかまぼこ博物館

小田原かまぼこのすべてを楽しむ

老舗かまぼこメーカー「鈴廣」の施設「かまぼこの里」にある博物館。かまぼこの歴史や作り方まで学ぶことができる。

小田原でかまぼこづくりが盛んになったのは天明年間（1783年〜1787年）。当時、小田原では交通の便が悪く、獲れた魚を新鮮な状態で運ぶことができなかったため、かまぼこ作りが行われるようなったといわれる。

［住］神奈川県小田原市風祭245
［営］10:00〜17:00
［¥］無料

お問い合せ先
☎0465-22-3191
（鈴廣かまぼこの里）

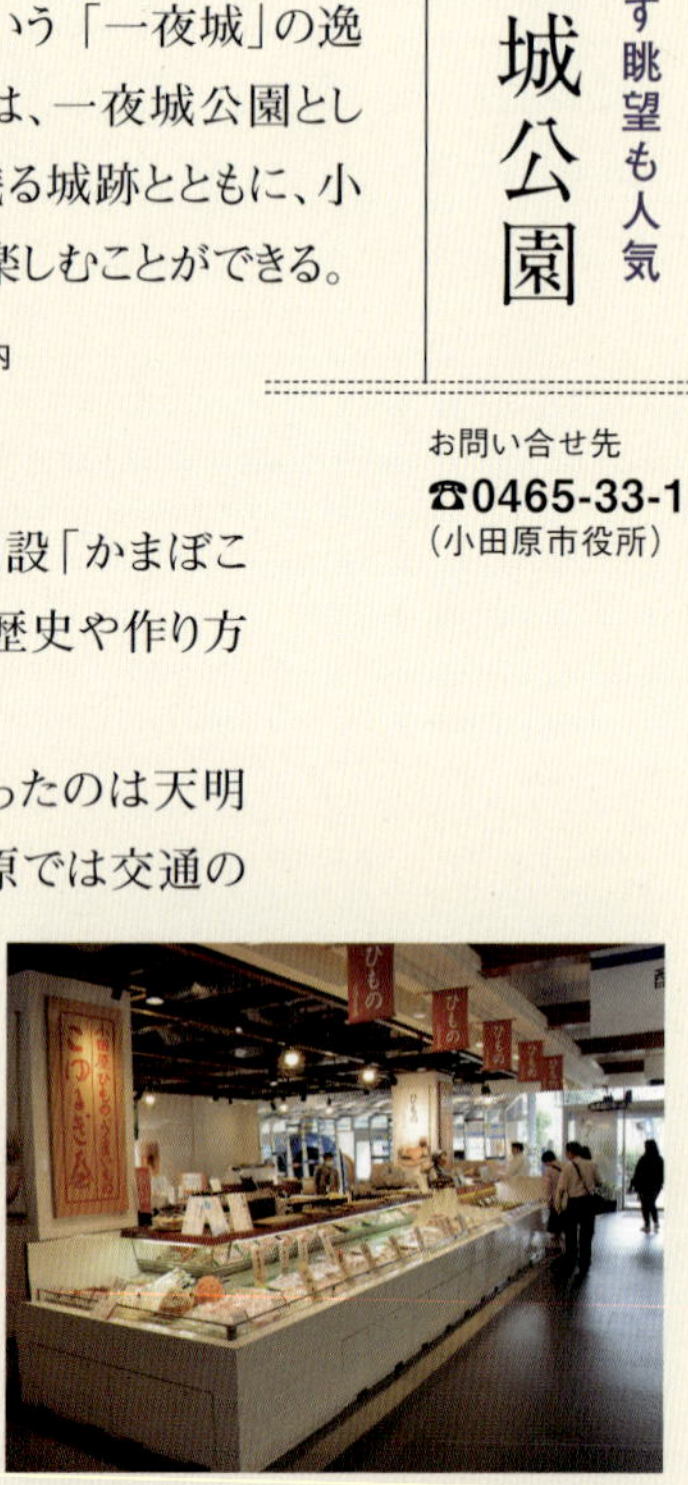

写真は隣接する「鈴なり市場」

小田原の魅力が詰まった
「小田原どん」

地元小田原の食材の良さと小田原漆器の魅力を発信するために始められた「小田原どん」。小田原市内の約30店舗がオリジナルの丼を提供している。

地物の鯵のメンチをトロトロの玉子でとじた「小田原づくし丼」は、食事処・千世倭樓の割烹部門、潮の音で食べられる。かまぼこの鈴廣が手がけるお店で、建物は秋田県から移築したという重厚な日本家屋。ゆったりとしたスペースで上質な食事時間を過ごすことができる。

【鈴廣かまぼこの里・千世倭樓　潮の音】
☎0465-24-3456
［住］神奈川県小田原市風祭50
［営］昼の席　11:30〜17:00
　　　夜の席　17:00〜21:00
［休］年末年始
［P］あり

上:鈴廣づくしご膳
下:小田原づくし丼

北条五代の威光を偲ぶ
「虎朱印最中」

北条早雲から氏直までの五代にわたって使われたという「虎の朱印」。刻まれているのは「録寿応穏」の四字で、小田原城の天守内で記念スタンプとして押印することができる。この虎朱印をモチーフにしたのが「虎朱印最中」。創業100年を超える老舗・正栄堂が守り続けてきた小田原の銘菓だ。印を模した皮の中に、たっぷりの小倉あんと求肥が入った食べ応えのある一品。

【正栄堂 小田原ラスカ店】
☎0465-24-7721
［住］神奈川県小田原市栄町1-1-9
［営］10:00〜20:30
［休］無休
［P］あり

風祭

久野川
井細田
伊豆箱根鉄道大雄山線
小田急小田原線
小田原厚木道路
緑町
小田原
北条氏政の墓
正栄堂
小田原ラスカ店
小田原城
東海道新幹線
東海道本線
東海道
西湘バイパス
鈴廣
かまぼこの里
風祭地区
風祭
箱根登山鉄道
箱根板橋
千世倭樓
入生田
早川
MAZDAターンパイク箱根
小田原漁港
小田原箱根道路
石垣山一夜城歴史公園
相模湾

大人の学び旅 1

忍者の里を旅する

2016年12月11日　第1刷発行

企画構成　志摩千歳
撮　影　清永安雄
編集制作　佐々木勇志・及川健智
デザイン　志村麻沙子・角知洋_sakana studio
地図制作　品川幸人

発　行　株式会社産業編集センター
〒112-0011
東京都文京区千石4-39-17
TEL 03-5395-6133
FAX 03-5395-5320
http://www.shc.co.jp/book

印刷・製本　株式会社シナノパブリッシングプレス

Printed in Japan
ISBN　978-4-86311-143-1